LA
UNCIÓN DE
RUT

MICHELLE McCLAIN-WALTERS

CASA
CREACIÓN
Para vivir la Palabra

Para vivir la Palabra

MANTÉNGANSE ALERTA;
PERMANEZCAN FIRMES EN LA FE;
SEAN VALIENTES Y FUERTES.
—1 CORINTIOS 16:13 (NVI)

La unción de Rut por Michelle McClain-Walters
Publicado por Casa Creación
Miami, Fl
www.casacreacion.com
Copyright © 2021 Casa Creación

Todos los derechos reservados

ISBN: 978-1-941538-89-0
E-book: 978-1-941538-90-6

Desarrollo editorial: *Grupo Nivel Uno, Inc.*
Diseño interior y portada: *Grupo Nivel Uno, Inc.*

Publicado originalmente en inglés bajo el título:
The Ruth Anointing
Published by Charisma House,
A Charisma Media Company,
Lake Mary, FL 32746 USA

Impreso en Colombia

21 22 23 24 25 LBS 10 9 8 7 6 5 4 3 2 1

CONTENIDO

Introducción

SU DESTINO LA ESTÁ LLAMANDO

SIEMPRE HE SENTIDO una fascinación especial por Rut, sobre todo en los tiempos en que era una chica soltera. Desde que el Señor me envió a mi Booz, mi maravilloso esposo —Floyd—, la atracción por Rut se intensificó más allá de la viva pasión por las revelaciones que los creyentes suelen obtener de su historia. Sí, la historia de Rut nos da la esperanza y la certeza de que hay restauración después de una gran pérdida; de que un corazón roto puede ser reparado y que el amor perdido puede volver a encontrarse otra vez. Sin embargo, hay mucho más bajo la superficie de la apasionante historia de Rut.

Al profundizar más en este hermoso libro de la Biblia, descubrimos que aun cuando Booz y Rut se encontraron como marido y mujer, la historia de ella no es algo así como una novela romántica. La historia de Rut —la moabita— trata acerca de la manera en que los sueños rotos pueden convertirse en la mayor fuente de esperanza. Dios permitió que Rut, a partir de las cenizas del desastre y de la tragedia rescatara y restaurara la honra debida a su suegra y —como consecuencia— crear así una vida y un legado del que aún hoy estamos aprendiendo. Rut es un ejemplo de dedicación, de perseverancia y de sacrificio. Su vida mostró la manera en que la fidelidad y la lealtad movieron la mano de Dios, no solo a favor de ella, sino también para permitir que se convirtiera en la mano de Dios a favor de la vida de muchos otros.

Rut fue una pionera. Al mudarse con Noemí —de Moab a Belén—, se aventuró a superar las limitaciones y las fronteras culturales con el objeto de descubrir una vida de plenitud. Hay que entender que este no fue un movimiento que Rut se vio forzada a hacer. Ella tenía familia y parientes en Moab. Tenía sus dioses, su religión y su cultura; es decir, un estilo de vida al que estaba acostumbrada. No tenía que ir a ninguna parte con su suegra, pero algo —tal vez creyó que sería instintivamente— la obligó a correr el riesgo, a internarse en lo desconocido y viajar a una tierra en la que nunca había estado. Ella sabía que tenía un destino que perseguir y que ese destino no se concretaría si se quedaba lamentando sus penas y sus miserias ahí donde estaba.

En todo esto hay algo interesante que debemos observar, el crecimiento real se detiene cuando uno pierde el enfoque entre el punto donde está y el lugar donde quiere estar. La historia de Rut nos desafía a apoyarnos en ese enfoque. Rut, habiendo perdido tanto con la muerte de su marido, no se conformó con la angustia y el dolor imperantes. ¡Optó por hacer algo diferente y encontró su destino! Un comentarista dice que «Rut es un ejemplo de la gracia de Dios, que inclina al alma a elegir la mejor opción».[1] Rut eligió una existencia mejor al dejar atrás su antigua vida y quedarse con Noemí. ¡Estaba dispuesta a arriesgarlo todo y a esforzarse por alcanzar su destino! ¿Está dispuesta, amada amiga, a esforzarse para alcanzar el destino de usted? ¿Se puede confiar en que elija la mejor opción?

Permítame que le diga esto, querida lectora: Si se conforma al *statu quo*, ya está descalificada. La extensión personal implica cambios. Eso la diferencia del resto de los mortales. Tal como a una banda elástica, Dios la estirará con el fin de aumentar su capacidad para hacer cosas más grandes. ¡Dios es el único que puede hacer eso sin que usted llegue al punto de quiebre!

¿Qué es la unción de Rut?

En estos tiempos, Dios está derramando una unción pionera entre las mujeres con el fin de capacitarnos para vencer la mediocridad. Un *pionero* puede definirse como «una persona que se encuentra entre los primeros en explorar o establecerse en un nuevo país o área... una persona que da los primeros pasos en investigar y desarrollar una nueva área de conocimiento o actividad».[2] *Pionero* también tiene que ver con «desarrollar, introducir, evolucionar, iniciar, comenzar, lanzar, instigar, iniciar, instituir, establecer, fundar, poner en marcha algo... ser punta de lanza, ser el padre de, la madre de, el originador de, el generador de, el que pone algo en movimiento, el que crea».[3]

A Rut no la asustó el hecho de salir de su cultura para abrazar nuevas posibilidades. Ella dejó su tierra natal y toda su comodidad para iniciar una nueva vida que la llevó —debido a los tropiezos surgidos— a una aventura inesperada. Como mujeres con la unción de Rut, también seremos impulsadas —con la unción de pioneras en nuestro ser— a dejar la comodidad en la que vivimos con el objeto de alinearnos con los propósitos que Dios tiene para nosotras. Una vez que hagamos eso, todo lo que parecía imposible se hará posible. Caracterizada por una firme determinación, la unción de Rut nos hará tomar decisiones que alterarán el destino y que nos llevarán a lograr algunos de los mayores avances y descubrimientos.

Seremos desafiadas a analizar y conquistar nuevos territorios, a hacer cosas novedosas y a desarrollar relaciones tanto nuevas como estratégicas. Cuando eso ocurra, no podremos seguir siendo lo que hasta ese momento fuimos; no podemos conformarnos con menos. Debemos seguir adelante con la conciencia de que nacimos con un propósito distinto, aunque aún no lo hayamos descubierto. La esencia de la unción de Rut es esta: un valiente, audaz, decidido y esperanzado espíritu pionero.

Las mujeres con la unción de Rut tienen una asombrosa conciencia de la intervención divina y la sabiduría de Dios en los acontecimientos cotidianos que vivimos. ¡La única certeza que tenemos sobre el futuro es que Dios lo sabe todo! Por eso debemos aprovechar todas las oportunidades que surjan sin temor. La confianza que tenemos radica en el hecho de saber quién orquesta nuestro futuro y en la seguridad de que él considera nuestros mejores intereses. Debemos confiar en el Señor con todo nuestro corazón, no apoyándonos en nuestro propio entendimiento (Proverbios 3:5). En estos tiempos de incertidumbre y de cambios constantes, Dios está llamando mujeres comprometidas con Cristo; mujeres por las que fluya el poder del Espíritu Santo; mujeres que estén decididas a enfrentar el futuro con innovación y plena confianza en el amor y el cuidado del Padre.

Siete rasgos que activan y desarrollan la unción de Rut

Creo que, verdaderamente, Dios acelerará el proceso a través del cual las mujeres conocerán su destino. Como mujeres dotadas con la unción de Rut, seremos capaces de construir y mantener un nivel sobrenatural de excelencia y propósito debido a las siete características siguientes.

1. Rendir devoción a Dios

A fin de saber el momento adecuado para pasar de la complacencia a una temporada de gran cosecha e influencia, necesitamos desarrollar un corazón que escuche a Dios. La devoción de Rut a Dios fluyó sin esfuerzo y con tanta determinación a lo largo de su vida que le permitió sintonizar la voz y los mandamientos de Dios, confiar en él lo suficiente como para ir cuando le dijo que fuera. Lo interesante aquí es que la mayor parte de lo que ella sabía sobre el Dios de Abraham, Isaac y Jacob lo supo a través del ejemplo de Noemí. Rut tomó ese ejemplo y lo adaptó a su propia vida, dedicándose a los caminos de Dios. La devoción adquiere aquí dos significados. Por un lado, significa «un acto de oración o adoración privada».[4] La Biblia no nos dice cómo era el tiempo que Rut dedicaba a pasar con Dios, sin embargo, podemos ver que sus acciones eran las de alguien que conoce bien el carácter de Dios. Ella siempre estaba dispuesta a dejar todo por el Dios que había conocido. Eso muestra un profundo nivel de fe, la fe que se obtiene al escuchar la Palabra de Dios y al experimentar su fidelidad.

Devoción también significa «el acto de dedicarse a una causa, empresa o actividad ... el hecho o el estado de ser ardientemente dedicado y leal a alguien».[5] La declaración de Rut —«Porque iré adonde tú vayas, y viviré donde tú vivas. Tu pueblo será mi pueblo, y tu Dios será mi Dios. Moriré donde tú mueras, y allí seré sepultada. ¡Que me castigue el Señor con toda severidad si me separa de ti algo que no sea la muerte!» (Rut 1:16-17)— es una demostración de su devoción, dedicación, lealtad y consagración a su suegra —Noemí— y a Dios. Ya no había nada que la atara a Noemí después de la muerte del esposo de Rut, el hijo de Noemí. Rut no tenía más obligaciones con ella pero, de todos modos, optó por permanecer con Noemí.

Ese mismo nivel de compromiso se requiere de las Rut de hoy. Para dar un paso hacia lo desconocido, debemos estar dedicadas a Dios y a las personas a las que él nos asigna. Debemos estar listas y dispuestas a hacer todo lo que sea necesario con el fin de permanecer en su presencia para poder escucharlo y obedecerlo.

2. Depender directa y deliberadamente de la guía del Espíritu Santo

Las Rut de hoy en día deben desarrollar una relación íntima con el Espíritu Santo. La obra del Espíritu Santo fue algo limitada en la época de Rut y Noemí, pero no es así en nuestro tiempo y eso se debe a la venida del Espíritu Santo; como se narra en Hechos 2, en el día de Pentecostés. Así como Rut recibió la instrucción divinamente inspirada de Noemí, nosotras recibiremos la instrucción directa del propio Espíritu Santo. Es más, debemos contar con su instrucción en cada paso que demos. Cuando Jesús habló en cuanto a que se iba, dijo: «Y yo le pediré al Padre, y él les dará otro Consolador [Abogado, Intercesor, Consejero, Fortalecedor, Apoyo] para que los acompañe siempre: el Espíritu de verdad, a quien el mundo no puede aceptar [ni recibir en su corazón] porque no lo ve ni lo conoce. Pero ustedes sí lo conocen, porque [el Espíritu Santo] vive con ustedes y estará en ustedes» (Juan 14:16-17). Amadas mías, puesto que el Espíritu Santo vive en ustedes, no quedarán huérfanas, viudas ni abandonadas. Ustedes son muy importantes para Dios, tanto que los días de su existencia están escritos en el libro de la vida. Dios es fiel y ha de acompañarnos a través de nuestro recorrido terrenal y en la eternidad. De modo que, busque su instrucción y dependa de su guía.

3. Ser honorables y virtuosas

Rut era una mujer que tenía honor y virtud, era honorable, honraba a los que la rodeaban; era virtuosa. El propio Booz, su redentor, dijo que ella era «una mujer virtuosa» (Rut 3:11 RVR1960). Es más, lo que dijo fue que toda la gente del pueblo sabía que Rut era una mujer virtuosa. La palabra *virtuosa* implica un sentido de honor y bondad. Al observar con más detenimiento y profundidad la traducción hebrea de la palabra *virtuosa* —en este pasaje—, vemos que tiene varias connotaciones, como por ejemplo fuerza, eficiencia, sustancia, valor, poder y baluarte.[6] La definición moderna de la palabra *virtuosa* es «moralmente excelente, justa».[7] Eso significa «decente, ética, honesta, honorable, justa, moral, amable, recta, imparcial, ecuánime, razonable, verdadera, justiciera, buena».[8]

Estos rasgos fueron evidentes en la vida de Rut. Todos observaban la manera en que ella honraba a Noemí, a Booz y a los trabajadores del campo donde laboraba. Rut mostró su honra a las personas al convertirse en una socia ingeniosa —primero para Noemí y luego para Booz—, al tomar la iniciativa cuando había necesidades que satisfacer, y al valorar y cuidar a quienes la rodeaban. Ella usó lo que tenía, sus pocos recursos, para mejorar las cosas. Rut aceleró su destino debido a esos rasgos. Lo mismo sucederá con las Rut de hoy en día que honran de manera innata a la generación que las precedió, así como a sus compañeros en el ministerio y en el lugar de trabajo. Las Rut de hoy entienden la naturaleza recíproca del honor, la bendición y el favor.

4. Establecer pactos de amistad con otras mujeres y alianzas estratégicas con los hombres

Las relaciones de pacto son clave para operar en la unción de Rut. Con demasiada frecuencia usamos conexiones divinas para nuestros propósitos, sin darnos cuenta del valor de esas personas en nuestras vidas. Hay una epidemia de individualismo en nuestra cultura actual que nos hace ser tan egocéntricas que ya no buscamos mantener relaciones fructíferas y duraderas con los demás. Pero, en esta época, las que reciban favor y prosperen serán las Rut que permanezcan leales y comprometidas con el pueblo que Dios ha puesto en su camino. Esas Rut buscarán cultivar conexiones profundas y duraderas con hombres y mujeres de Dios para los propósitos del reino.

5. Ser valientes para dejar lo viejo por lo nuevo

Al estudiar la vida de Rut, descubrimos que ella fue una mujer que rompía barreras. Ella rompió con el *statu quo*, por lo que no dudó en adoptar nuevas costumbres, comportamientos y prácticas para ser todo lo que Dios le ordenó que fuera. Realmente necesitamos ver esto: Rut dejó toda su cultura, la abandonó para abrazar la cultura del pueblo de Dios. Dejó sus costumbres religiosas, su familia y su tierra natal, todo lo que le era natural, y comenzó de nuevo en otra región —desconocida para ella— con un nuevo grupo de personas y, pese a todo ello, se destacó. Las Rut de hoy han de llevar dentro un espíritu que les permita moverse sin esfuerzo en las diversas culturas y naciones del mundo a las que lleguen, llevando la esperanza y la luz de Dios dondequiera que vayan. Las Rut de hoy prosperarán y se destacarán en nuevas áreas y territorios. Lo que puede parecer misterioso y fuera del alcance de los demás será accesible e identificable para las Rut. Poseerán la sensibilidad necesaria para influir en las culturas y los grupos de personas en maneras que reflejen el ministerio de Jesús, ministerio que es atractivo y acogedor para todas las personas del mundo. Muchas naciones serán cautivadas por las mujeres que tienen la unción de Rut, deseando conocer al Dios al que sirven.

6. Ser humildes, sumisas y obedientes

No hay cantidad de adoración, clamor en el altar ni cualquier otro sacrificio de tiempo, talento o tesoro que pueda reemplazar la humildad, la cual da paso a la sumisión a la autoridad de Dios y la obediencia. Hay algo interesante acerca de Rut que pronto descubriremos y que la llevó a entrar en su nueva vida con un nivel tal de humildad, sumisión y obediencia, que el Señor no pudo evitar honrar su palabra y concederle un favor poco común en una tierra extraña para ella. Cuando Noemí la orientó en cuanto a qué hacer a continuación para asegurar su sustento, Rut simplemente respondió: «Haré todo lo que me has dicho» (Rut 3:5). Esto es lo que Dios requiere de las Rut de nuestros días. Esa no fue una respuesta forzada ni interesada de Rut. Era la esencia de lo que ella era: decidida, humilde, orientada a la acción y enfocada, todo lo cual constituye una de las claves para ver la unción de Rut activada en la vida de usted. La Biblia dice:

«A ti no te complacen sacrificios ni ofrendas, pero has abierto mis oídos para oírte [y obedecer tu palabra]; tú no has pedido holocaustos ni sacrificios por el pecado. Por eso dije: "Aquí me tienes [en el trono] —como el libro dice de mí—. Me agrada, Dios mío, hacer tu voluntad; tu ley la llevo dentro de mí"».

—SALMOS 40:6-8

«El Señor se burla de los burlones, pero muestra su favor [inmerecido] a los humildes [aquellos que renuncian a la importancia personal]».

—PROVERBIOS 3:34

«"Dios se opone a los orgullosos, pero [continuamente] da [el don de la] gracia a los humildes". Así que sométanse a [la autoridad de] Dios ... Acérquense a Dios [con un corazón contrito], y él se acercará a ustedes. ¡Pecadores, límpiense las manos! ¡Ustedes los inconstantes, purifiquen su corazón! Reconozcan sus miserias, lloren y laméntense. Que su risa se convierta en llanto, y su alegría en tristeza. Humíllense [con una actitud de arrepentimiento e insignificancia] delante del Señor, y él los exaltará [los exaltará, les dará un propósito]».

—SANTIAGO 4:6-10

Vemos aquí que la capacidad de Rut de ser humilde, sumisa y obediente instaba a la gracia, el favor, la intimidad con Dios y a la exaltación o promoción para que reinara en su vida. Así que trate de que suceda lo mismo en su vida mientras camina en la unción de Rut.

7. Dejar de declarar y empezar a hacer

Muchas de nosotras nos hemos acostumbrado a la idea de nombrar algo y exigirlo, o a usar el poder creativo de la lengua para hacer que las cosas existan, para hablar a esas cosas que no son como si fueran. No cuestiono la importancia de eso pero, en términos de forjar un nuevo territorio y salir de la zona de confort de una, debemos reconocer que Rut no habló mucho. Rut eligió sus palabras con cuidado y las expresó en momentos propicios para poner en marcha lo que iba a hacer. Más adelante examinaremos lo que dijo Rut —«Haré todo lo que me has dicho»— y veremos que sus palabras coincidieron directamente con sus acciones. Ella no expresó sus esperanzas, deseos ni sueños con la advertencia de que algún día podrían suceder o no. Rut habló consciente del verdadero poder que había en sus palabras y las usó para alinear su voluntad con la de Dios. De modo que, para activar esa misma unción en la vida de usted, prepárese para que avance mucho más y hable mucho menos. La Biblia dice: «Sed hacedores de la palabra» (Santiago 1:22 RVR1960).

Cuatro obstáculos que perturban la unción de Rut

A medida que llegamos a comprender el espíritu pionero y avanzado de Rut, podemos identificar los obstáculos a esa unción. No habrá nada que se interponga en el camino del progreso, el desarrollo, el avance y el ascenso a un nivel superior en lo referente a Dios y a la vida. Las Escrituras nos muestran que Rut era indetenible. Ella no iba a cambiar por nada. Pero a medida que profundizamos en su historia, vemos las circunstancias que enfrentó y que podrían haber hecho que se detuviera, pensara en su situación y se devolviera a su casa. Esas son las cosas de las que las Rut de hoy deben protegerse.

Para nosotras es importante saber de qué estamos hechas, especialmente ante las crisis. No es nada relevante tener fe cuando las cosas van bien. La verdadera medida de la unción de Rut se muestra cuando la vida es dura. El primer paso para vencer es identificar al enemigo. La siguiente es una lista de obstáculos que el enemigo intentará poner en su camino a medida que avanza hacia la próxima temporada.

La ociosidad

Las mujeres con la unción de Rut son diligentes. No sucumben ante la pereza. Saben que la persona «de manos diligentes gobernará; pero el perezoso será subyugado» (Proverbios 12:24). La virtud de Rut no le permitió comer el pan que «es fruto del ocio» (Proverbios 31:27). La ociosidad conduce a la pereza, la cual es enemiga natural de la diligencia.

Los sesgos culturales

Vemos en la historia de Rut varios factores que, por lo general, limitan el progreso de una persona en una sociedad. Esos factores son el racismo, el sexismo y el clasismo. Rut era mujer, moabita, viuda y pobre. Al dejar Moab y entrar en una nueva cultura, estaba en el último peldaño de la escala socioeconómica, por lo que podría haber permitido que las costumbres sociales de su época dictaran hasta dónde podía llegar. Pero no se ajustó a eso. Ella vio esos factores como obstáculos en su camino a ser todo lo que Dios quería que fuera. Rut rompió esas barreras y se convirtió en una líder en la cultura que recién había adoptado, además de esposa y madre, dueña del campo en el que una vez trabajó y una de las pocas mujeres nombradas en el linaje de Cristo.

El egoísmo

Rut podría haberse echado a llorar en un mar de lágrimas y haberse compadecido de sí misma debido a la condición de su vida en el momento en que Noemí decidió irse de vuelta a su tierra. Básicamente, lo había perdido todo, incluida la esperanza de ser parte de una honrosa familia judía. Podría haberse ensimismado y haber visto todo lo que no era: esposa, madre, miembro de una familia prominente y muchas otras cosas. Pero no hizo nada de eso. Al contrario, en lugar de pensar en sus propias pérdidas, Rut decidió renunciar a todo para atender al bienestar de su suegra y, a su vez, recibió todo lo que había perdido y más. Las Rut de hoy deben tener cuidado de no caer en la trampa de la autocompasión ni el egoísmo. Cuanto más aceptemos el plan de Dios para nuestras vidas al bendecir a otros, más realizaremos los sueños y deseos que él ha puesto en nuestros corazones. El egoísmo impide que actuemos con la sabiduría plena de Dios y su favor. El egoísmo hará que nos enfoquemos en nuestros propios miedos y limitaciones, de modo que perdamos el poder sobrenatural que proviene de caminar con valentía en el generoso amor de Dios.

El miedo al futuro

Rut no le tenía miedo al futuro porque sabía quién la sostenía. Nunca dudó de que Dios la estaba guiando a una buena tierra. El miedo al futuro detendrá a las Rut de hoy cada vez que se lo permitan. No podremos avanzar a conquistar un nuevo territorio si somos vencidas por el miedo. Debemos estar convencidas y estar conscientes de la fidelidad de Dios a nosotras. Debemos tener confianza, sabiendo que él tiene un futuro y una esperanza para nosotras. Esta confianza nos llevará a afrontar cualquier desafío y a superar todas las barreras.

Bienvenida al proceso

La unción de Rut nos desafía a despertar ante lo que Dios está haciendo y nos insta a estar listas para hacer lo que nos mande en cualquier momento. A veces, es probable que esté en medio de muchas cosas por hacer y, aun así, no tener realmente la revelación del rol protagónico que usted juega en el plan de Dios. Lo que intento hacer en este libro es brindarle las herramientas que la ayudarán a encontrar su lugar y desempeñar su papel para que, cuando llegue la próxima oportunidad, sepa por dónde empezar. Esta marcha que ha de llevarnos a ser las mujeres que Dios ideó que fuéramos se hace paso a paso. Algunas de nosotras nos abrumamos con toda la variedad de cosas que podemos hacer posibles. Otras nos paralizamos pensando en todas las cosas que no podemos hacer. Es más, admiramos a otras mujeres de fe y pensamos: «Vaya, es posible que nunca esté a su altura». Pero esto es lo que yo aprendí, personalmente: el llamado de Dios es progresivo.

Tenemos nuestros ojos puestos en ese lugar imaginario llamado «Allí», pero —en realidad— no hay ningún lugar llamado Allí. Saquemos ese concepto de nuestras mentes. Estamos en una travesía. Dios nos está llevando a través de un proceso. Así que quiero que se calme y se serene. No empiece a compararse con la situación de otra persona en su marcha ni se pregunte por qué no ha avanzado más. Usted no ve las cosas como las ve Dios. Si no mantiene sus ojos fijos en Jesús, empezará a dudar de la palabra que él habló acerca de usted. Comenzará a mirar a su alrededor, el miedo empezará a instalarse en su vida y comenzará a hundirse, al igual que Pedro. Pero espero que aprenda de Rut y la manera en que ella fijó su mirada en el corazón de Dios. Ella nunca perdió de vista a Dios. El miedo no la atormentaba puesto que ella se mantuvo firme con una fe inquebrantable. Ella sabía que tenía un destino más grande que el que estaba labrándose en ese momento. Por tanto, amadas mías, pongan sus ojos en Dios. ¡Ármense de valor! El viaje hacia su destino acaba de dar un giro completamente nuevo.

Oraciones que activan la unción de Rut

La unción de Rut tiene que ver con ser receptiva a las nuevas posibilidades, a las oportunidades que pueden surgir en su camino. Hay muchas bendiciones que el Señor desea darle, pero debe ser receptiva a sus maneras y sus pensamientos. La historia de Rut comienza con el hambre, pero termina con la cosecha. Se inicia con una tragedia, pero concluye con una gran victoria. Debemos entender que Dios redime nuestros tiempos y restaura los años de nuestras vidas, esos «que comió la oruga, el saltón, el revoltón y la langosta» (Joel 2:25 RVR1960). La misericordia de Dios siempre triunfará sobre el juicio. El Libro de Rut muestra la forma en que Dios puede tomar la esterilidad de usted y transformarla en fecundidad. Este gran intercambio es fundamental para la historia de Rut y la de usted. Debe saber que Dios hace «todo hermoso en su momento» (Eclesiastés 3:11).

Padre, te doy gracias porque mi tiempo está en tus manos. Tú haces nuevas todas las cosas. Te agradezco, Señor, que tomas las cenizas de mi vida y las haces hermosas. Señor, que esta sea una temporada de grandes cambios. Que se derrame aceite de gozo en mi vida más que el espíritu de duelo. Ya no lamentaré más lo que he perdido. Señor, te pido que hagas que mi gozo sea completo. Decreto que el gozo del Señor es mi fortaleza. No me revolcaré en la autocompasión. Destruyo los espíritus de pesadez, depresión y opresión. Me envuelvo en un manto de alabanza. En vez de sentir vergüenza por ser viuda o estéril, sé que tendré doble honra. En lugar de confusión, caminaré en revelación y entendimiento. Me regocijaré con mi porción. Abrazaré la unción de Rut y seré pionera en un nuevo camino de gloria y doble honor. Confío en ti, Señor, y a donde tú me lleves, te seguiré. En el nombre de Jesús, amén.

≈

Padre, oro para que abras mis ojos y vea las cosas nuevas que estás haciendo en mi vida. Declaro que abrazaré las nuevas oportunidades. Tu plan para mí es bueno, no malo. Tu plan es darme esperanza y futuro. Señor, creo que hablas desde mi futuro y que todo en mi vida ya está terminado en ti. Me levantaré con fe y dependeré de ti para que me muestres el camino de la vida. ¿Cuál es mi camino? Señor, te pido que me lo reveles por tu Espíritu.

Padre, trae conexiones divinas a mi vida. Conéctame con mentores y entrenadores que me ayuden a cumplir mi destino. Señor, te pido que me liberes de los ladrones de sueños. Espíritu Santo, despierta el sueño del Señor en mi vida. Hazme una bendición para mi generación. Permíteme que favorezca a alguien más.

Donde tu Espíritu me lleve, lo seguiré. Me humillo bajo tu mano poderosa. Confío en que al debido tiempo me exaltarás. Señor, dijiste en tu palabra que la obediencia es mejor que el sacrificio. Obedeceré tus instrucciones. Andaré en tus caminos. Confiaré en ti con todo mi corazón, no apoyándome en mi propio entendimiento. Amén.

Capítulo 1

SOY RUT, ESCÚCHEME RUGIR

Ruge el león; ¿quién no temblará de miedo? Habla el Señor omnipotente; ¿quién no profetizará?

—Amós 3:8

CREO, CON CADA fibra de mi ser, que Dios ha ordenado y predeterminado nuestros caminos en consonancia con su misericordia. La Biblia nos dice en el Salmo 16:11 que Dios nos mostrará la senda de la vida. El destino es un punto en el trayecto de nuestra existencia en el que finalmente toma forma la razón por la que nacimos. Nuestros ojos están abiertos a nuestro potencial y nuestros oídos se sintonizan con el susurro de nuestro propósito. Cuando el destino se posa sobre nosotras, somos catapultadas hacia nuestro propósito, por lo que nada puede detenernos.

El destino prospera cuando nuestra voluntad se alinea con lo que Dios ya ha establecido y ordenado. Rut manifestó ese poderoso cambio cuando declaró que no volvería con su pueblo, sino que viajaría con Noemí a otra cultura, a otro pueblo, sin que le importara lo que resultara con su decisión. Ella tenía la intuición de que ese era el momento preciso en que Dios la estaba llamando a salir de entre su gente. Rut sabía que Dios la estaba llamando a algo más alto, más sublime, por lo que respondió con un firme y determinante «Iré» (Rut 1:16).

La naturaleza decidida de la respuesta de Rut acalló cualquier tipo de doble ánimo o inestabilidad que el enemigo pudiera haber intentado aprovechar contra ella durante el momento de gran dolor y pérdida que sufrió. Cuando respondemos a la invitación de asociarnos con Dios por nuestro destino, no debe haber vacilaciones ni indecisiones. Podemos asumir la mente de Cristo y avanzar con fortaleza mental, eligiendo no solo el mejor camino a seguir, sino el camino de Dios. Me gusta lo que dice el *Comentario Bíblico de Matthew Henry* sobre esto: «Aquellos que van por caminos religiosos sin una mente firme, se paran ante una puerta entreabierta, como una que incita al ladrón; pero la determinación cierra y echa el cerrojo a la puerta, resiste al diablo y lo obliga a huir».[1] ¡La naturaleza decisiva de la unción de Rut es como la guerra espiritual! Como dice la Palabra de Dios: «¿Hasta cuándo van a seguir indecisos? Si el Dios verdadero es el Señor, deben seguirlo; pero, si es Baal, síganlo a él» (1 Reyes 18:21).

En sus pocas palabras, Rut terminó respetuosamente la conversación con Noemí: «¡No insistas en que te abandone o en que me separe de ti! Porque iré adonde tú vayas, y viviré donde tú vivas. Tu pueblo será mi pueblo, y tu Dios será mi Dios. Al ver Noemí que Rut estaba tan decidida a acompañarla, no le insistió más» (Rut 1:16, 18) y mostró una gran capacidad para volver a concentrarse, tomar las decisiones correctas y reintegrarse al juego de la vida después de la muerte de su marido y perseverar más allá de la voz de desesperanza de su suegra. Rut tenía una presión sobrenatural dentro de su espíritu. Tenía una fuerza interior, una fortaleza que la empujaba hacia algo más grande que la realidad que vivía en ese momento.

Esa fuerza silenciosa es fundamental para las mujeres que operan con la unción de Rut. Puede que no estemos seguras de la ruta exacta que Dios nos está indicando que tomemos, pero nuestra confianza en él como la fuerza que nos dirige y nos guía implica que no mantendremos una conversación que sea contraria a lo que Dios ha mandado. Esto requiere un nivel de fuerza interior que proviene del Espíritu de Dios que mora en nosotras.

Si vamos a cumplir con nuestro destino, debemos fortalecer nuestro ser interior en Dios. Debemos confiar en el Espíritu

Santo para vencer cualquier oposición, ya sea externa —como creencias limitantes que nos imponen amigos y familiares— o internas, como nuestros propios miedos, inseguridades e inferioridades. Debemos edificarnos «sobre la base de nuestra santísima fe» (Judas 20). No podemos permitir que el enemigo derrote nuestro sentido de destino interno. ¡Debemos conquistar y avanzar hacia nuestros destinos!

Dios habla desde su futuro. Él es el Alfa y el Omega al mismo tiempo. La totalidad descansa en él. Dios creó a cada ser viviente con un propósito, por lo que liberará todos los recursos y herramientas que cada ser necesite para obtener una vida fructífera y gozosa. El mandato para la humanidad es que sea fructífera y que se multiplique, que llene la tierra, la sojuzgue y la someta (Génesis 1:28). De modo que, aunque haya falta de fruto e incluso hambre, hay una gracia en la unción de Rut que rompe el poder de la pobreza y la carencia, para que la persona tenga una vida fructífera y plena. Así que, si se compromete con el Señor y el destino que tiene para usted, él derramará los recursos del cielo para garantizar que sea redimida de una vida de pobreza y dolor. Sus decisiones son los mecanismos desencadenantes para vivir una vida llena de placer y propósito. Como dice el Salmo 16:11: «Me has dado a conocer la senda de la vida; me llenarás de alegría en tu presencia, y de dicha eterna a tu derecha».

Estos son los días en los que el Señor está remodelando y reajustando el destino. Sus errores no la definen. Hay un propósito en su vida que debe cumplirse. El destino es el GPS (sistema de posicionamiento global, por sus siglas en inglés) de Dios que la dirige, la guía, la empuja y, a veces, la redirecciona hacia su propósito determinado. La palabra destino se refiere a «un curso predeterminado de acontecimientos que a menudo se considera un poder o agente irresistible».[2] Dios ha predeterminado una secuencia de sucesos para nosotras, por lo que nuestros pensamientos e ideas, las intenciones de nuestro corazón, nuestras palabras y las relaciones que tenemos con los demás nos ayudan a vivir alineadas con el deseo de Dios. Nuestros destinos están determinados por la forma en que elegimos responder a lo que el Señor ha predeterminado. Dios ha puesto en cada una de nosotras un deseo de grandeza. Hay un anhelo interior, un poder irresistible que viene de Dios, que nos impulsa hacia nuestro futuro. Aun cuando hayamos experimentado algunos logros o desgracias, existe una unción interior que nos mantiene en movimiento hasta que alcancemos el destino que Dios determinó para nosotras.

El surgimiento de una leona

Dios me ha dado una revelación con respecto a las mujeres y el manto que debemos tomar al abrazar nuestro destino en este tiempo: la revelación de la leona. Es fácil reconocer las cualidades leoninas de Rut cuando examinamos su serena fortaleza y calmada determinación. No sabemos cómo llegó Rut a la posición en la que la encontramos, portando una fortaleza y una decisión inquebrantables. Pero si nos ponemos en su posición, podemos imaginar que no llegó a ese lugar donde la hallamos de la noche a la mañana. Incluso mi propio caso, no me convertí en leona de la noche a la mañana. Primero fui una cachorra. Algunos hombres y varias mujeres mayores me tomaron bajo su abrigo con el fin de cultivar la unción y la integridad en las que ahora camino. Cazar junto con ellos, perseguir unidos la misión del reino de Dios, aumenta el éxito.

Cuando estoy con audiencias en vivo, uno de los recursos elementales que empleo al hablarles es un video de unas leonas que cazan juntas. Estas bestias son decididas, sus movimientos son muy bien calculados y, a la vez, resguardan a sus cachorros mientras cazan. Esas majestuosas criaturas actúan como si estuvieran en la cima de su destino —son feroces, equilibradas y buscan posiciones estratégicamente ubicadas— con el objeto de estar preparadas para el momento en que se encuentren con sus enemigos, las amenazas, la oposición y toda clase de adversidad, al igual que como cuando cazan para proporcionar alimento a sus crías y a toda la manada. Cuando muestro el video a una audiencia, generalmente llena de mujeres, las animo a que no se perturben con las leonas por la manera en que cazan y matan a sus presas, sino que las vean en el espíritu del tipo de unción que necesitamos como mujeres en este tiempo. Hay legados y generaciones en juego, por lo que debemos ser fuertes, sensatas y unidas para salir victoriosas.

Las leonas cazan juntas y lo hacen a favor de toda la manada. Considere esto en la vida de Rut. Ella hizo una promesa, un pacto, el cual consistió en llegar a un acuerdo con Noemí y su permanencia en Belén. Rut trabajó en el campo cosechando con el fin de obtener el sustento para las dos, y Noemí usó su sabiduría e influencia para ayudar a establecer un estilo de vida seguro para Rut. Todas esas circunstancias y las acciones que esas dos mujeres desplegaron se conjugaron para establecer el linaje real de David, lo que condujo al nacimiento de Cristo. ¡La unidad y la sincronización expresadas en las acciones de Rut y Noemí resultaron en provisión y seguridad que redundaron en pro de todo el linaje de Cristo! Nuestro frente unido como mujeres puede beneficiar a comunidades, ciudades y naciones enteras por las generaciones venideras. Y, por favor, esté consciente de que no son los leones de la manada los que realizan ese trabajo, son las leonas las que lo hacen.

El Señor quiere que entendamos nuestra posición como mujeres. En referencia a las leonas, cuando ellas se dedican a la cacería, lo hacen con una estrategia feroz y audaz. Esa destreza puede llevarlas a lograr el éxito si la acompañan con dos ingredientes muy importantes: la unidad y la colaboración entre ellas. Cada leona tiene una posición, un papel específico y especializado que jugar, ya sea la leona alfa (la mejor cazadora) la que dirija o las otras leonas que rodean a la presa desde varios ángulos. Las leonas coordinan sus movimientos para rodear y emboscar a sus presas. Siempre hay una leona que se ubica en un lugar determinado para bloquear la salida del área por la que la víctima pueda evadir a sus atacantes, de modo que si intenta escapar, esa leona será la que le diga: «No vas a ir a ninguna parte. Estás rodeada». Cuando todas las leonas cumplen con las funciones asignadas, la posibilidad de lograr su cometido es mayor.[3]

Cómo se forja una leona

Dios está guiando a las mujeres a asumir un nivel completamente nuevo de operación en cuanto a la lucha contra los poderes de las tinieblas. Tenemos que armarnos de una fiereza interior que se transmita de una generación de leonas espirituales a otra. En las Escrituras no hay nada que nos diga cómo fue la educación de Rut ni quién pudo haberla entrenado. Podemos suponer que todo lo que aprendió acerca de Dios y de la conducta piadosa, lo aprendió de Noemí con el ejemplo que esta le mostró. Los estudiosos han concluido que Noemí ganó el corazón de Rut para el Dios de Israel a través de su amor y su bondad:

> Con esto vemos —por un lado— que Noemí, como israelita, había sido muy amable y servicial con ellas y se había ganado el amor de sus dos nueras —lo cual es un ejemplo excelente para todas las suegras—; y, por otro lado, vemos que Orfa y Rut tenían un concepto justo de su amabilidad, por lo que estaban dispuestas a retribuirle su generosidad. Eso era una señal de que habían vivido juntas y en unidad, aunque aquellos por quienes venía la relación entre ellas estaban muertos. Aunque las dos nueras tenían afecto por los dioses de Moab [Rut 1:15], y la suegra —Noemí— era fiel al Dios de Israel, eso no fue un obstáculo para que las tres tuvieran una relación afectuosa caracterizada por el amor, la bondad y todo lo bueno que el vínculo requería.[4]

El hecho de que Orfa y Rut estuvieran dispuestas a viajar tan lejos con Noemí, de regreso a su tierra natal, muestra el nivel de amor y unidad que tenían incluso después de la muerte de sus esposos. Es interesante notar que Noemí no trató de convertir a Rut ni a Orfa a la fe de sus antepasados judíos. Sin embargo, su ejemplo amoroso y fiel sirvió como testimonio eficaz de su fe.

El amor y la bondad de Noemí hicieron que Rut rechazara a sus dioses y se convirtiera al Dios de Israel, por lo que expresó: «No me ruegues que te deje, y me aparte de ti; porque a dondequiera que tú fueres, iré yo, y dondequiera que vivieres, viviré. Tu pueblo será mi pueblo, y tu Dios mi Dios. Donde tú murieres, moriré yo, y allí seré sepultada; así me haga Jehová, y aun me añada, que sólo la muerte hará separación entre nosotras dos» (Rut 1:16-17). No hubo más apremio ni convencimiento por parte de Noemí. Su ejemplo mostró el camino a seguir por Rut. Esto parece dejar ver lo que a veces predicamos desde los púlpitos de nuestras iglesias, pero rara vez lo que exhibimos en nuestra vida diaria.

Noemí, siguiendo sus prácticas habituales como mujer israelita, se ganó la lealtad, el compromiso y el pacto de otra mujer pero con antecedentes completamente diferentes. Gracias al fuerte y destacado ejemplo de Noemí, Rut pasó de un bando a otro y se convirtió en una fuerza a considerar.

Es raro el hecho de que una nuera viuda permanezca con su suegra. Tan extraño es este caso que el erudito Matthew Henry señaló lo siguiente: «No solo alzaron la voz y lloraron, como reacias a separarse, sino que mostraron su determinación a seguir a su suegra diciendo [Rut 1:10]: "¡No! Nosotras volveremos contigo a tu pueblo". Es un raro ejemplo de afecto hacia una suegra y, además, es una prueba de que —a causa de la actitud de Noemí— las dos mujeres habían concebido una buena opinión del pueblo de Israel».[5] Cabe suponer que Rut desarrolló una buena opinión del Dios de Israel a través del trato que tenía con su suegra. A partir de allí, se estableció el campo de entrenamiento de Rut y, tanto Noemí como la moabita, caminaron juntas a través de ese tiempo difícil; de modo que, al entrar en la cosecha, formaron una alianza estratégica como la de la leona alfa, alianza que generó provisión a sus generaciones posteriores y asestó un golpe mortal al enemigo que trató de aniquilarlas en Moab.

Una leona bien posicionada

Dios me mostró que incluso el león, el rey de la selva, tiene que aprender de la leona las lecciones que esta le imparte. Sin embargo, con todo y eso, la leona debe estar consciente de su posición; cosa que demuestra el hecho de que el primero en comer es el rey. Al analizar lo anterior, usted debe entender que esta es una revelación poderosa que habla de la humilde colaboración que debe existir no solo entre las mujeres, sino también entre ellas y los hombres. Si los seres irracionales pueden tener tal orden y estructura en el reino animal, nosotras somos superiores a ellos, por tanto tenemos que crecer. Necesitamos entender nuestro orden. Dios me ha dado pasión por ver a hombres y mujeres trabajar juntos a través de la colaboración. Fue el diablo quien, en el huerto del Edén, trajo enemistad entre nosotros. Creo que Dios está restaurando la unidad y la colaboración en estos tiempos. En varios de los libros de esta serie incluí algunos capítulos sobre la colaboración masculina y femenina. Como mujeres, podemos tener mentores masculinos que nos lleven al siguiente nivel. Pero si caemos en la trampa del rechazo y empezamos a creer, a pensar y a decir cosas como: «Se van a aprovechar de mí porque soy mujer», entonces podemos perder nuestro destino.

Rut entró a la tierra prometida como una pobre inmigrante. Su acento, su atuendo y sus modales hicieron que su presencia se destacara, sin embargo, se abrió camino humildemente por la ciudad, buscando maneras de mantener a Noemí y a sí misma. Ella no se cayó en la trampa de la autocompasión ni fue a reclamar derecho alguno. Al contrario, se mostró lista y preparada para trabajar fuertemente. Por eso llamó la atención de un hombre mayor de la comunidad, Booz, que se encargó de cuidarla y guiarla en el camino que sería más beneficioso para ella y para su suegra. El favor que él le mostró la llevó al siguiente nivel. Al final, los dos formaron una sociedad a través del pacto matrimonial que elevó el perfil de Rut como madre en Israel. Todo eso se debió a que la moabita reconoció su posición y permaneció en ella. Rut sabía que el Señor le abriría el camino; lo único que ella debía hacer era quedarse quieta.

Las mujeres somos muy fuertes y muy capaces, y tenemos el don de la intuición; tanto que, a veces, podemos ver las cosas antes de que sucedan. Pero aun conscientes de esa ventaja que tenemos, debemos mantener la posición en la que el Señor nos ha puesto. No hay nada peor que adelantarnos a Dios y perder el siguiente paso hacia nuestro destino. Como Rut, debemos estar dispuestas a movernos cuando Dios nos diga que nos movamos, al igual que debemos quedarnos quietas cuando nos lo indique.

Despertadas y sanadas

Para estar alineadas con el Espíritu de Dios como lo estaba Rut, necesitamos sanidad y liberación. El pecado y la esclavitud afectan nuestra capacidad de escuchar a Dios. Las ataduras comunes que enfrentan las mujeres son el miedo, la ira y la amargura, las cuales —en el caso de Rut— podrían provenir de su dolor. Pero Rut no soportó su dolor victimizándose ni adoptando el papel de mártir. Algo debió haberse asentado en su mente y su espíritu en el momento en que hizo aquella declaración de lealtad a Noemí.

Para las mujeres que operan con la unción de Rut, nuestra liberación llegará rápido. Seremos nosotras las que veremos eso. Seremos las que permitiremos que Dios enderece nuestros caminos. Sin embargo, en la transición debemos estar conscientes de las trampas que pueden surgir. Debemos ser libres del miedo, la ira y la amargura. No vemos ninguna de esas características funcionando en las respuestas y las reacciones de Rut. Pero con Noemí, fue una historia diferente. Ella llevaba pena y la amargura por dentro. Por lo tanto, debemos estar alertas para saber qué espíritu manifestamos mientras viajamos hacia nuestros destinos.

Si no analiza su corazón ni busca la sanidad y la liberación que necesita, usted va a ministrar o a liderar con ira y amargura. Es más, hará más daño que bien. Por tanto, creo que en la medida en que despertemos y nos preparemos, nos convertiremos en un ejército de mujeres que comprendan mejor la compasión de Dios. Vamos a ser motivadas por el amor. Seremos empoderadas por el Espíritu Santo y estaremos llenas de compasión. Avanzaremos con sabiduría. Cuando lleguemos a ese nivel, disfrutaremos un nuevo día y una nueva temporada en la que no seremos gobernadas por nuestras emociones carnales.

Aunque Noemí sufrió grandes pérdidas y fue presa de la aflicción, su compasión, su bondad y su amor hicieron que se ganara a Orfa y a Rut para su Dios. Este es el mismo tipo de compasión que se derramará en los corazones de las mujeres que adopten la unción de Rut. A medida que avancemos en la historia, veremos la manera en que la demostración de amor y cuidado de Rut por su suegra tenía una relación directa con el amor que Noemí le había mostrado todos aquellos años en Moab.

Sin embargo, si actuamos en base al quebrantamiento que nos agobia, es probable que busquemos el éxito en el área equivocada. Es posible que muchas de nosotras pasemos por una época en la que no tengamos certeza de nuestra identidad y en la que todo lo que deseamos es encontrar significado en algo: en más formalidades, en más títulos, en más viajes, en más conocimientos, entre otras cosas. Algunas de nosotras, incluso, estamos en ese lugar en este momento.

Recuerdo una época en la que basaba mi identidad en la cantidad de naciones por las que viajaba. Otros ministros y yo, cuando nos encontrábamos, comparábamos cuántos sellos de entrada a los países teníamos en nuestros pasaportes. «Tengo diez», decía uno de nosotros. «Bueno, yo tengo quince», contestaba otro. «Tengo veinticinco». No eran más que hojas de higuera que nos poníamos para hacernos sentir importantes.

En términos generales, no hay nada de malo en esas cosas, pero lo que usted necesita es sentirse segura aunque todas esas cosas le falten alguna vez. Que pueda estar bien aunque no tenga ninguna de esas muletillas y pueda decir con alegría y libertad: «Lo que hoy vivo lo vivo ante el Rey. Le obedezco. Puedo sentarme en el frente o en la parte de atrás. Eso no me define. Solo me define lo que valgo ante Dios».

Si Dios le dice: «Deja eso, tengo algo nuevo para ti» o si la llama a caminar sobre las aguas y su identidad está atada a las cosas pasajeras de este mundo, ¿cómo podrá alcanzar los nuevos horizontes que le presenta? ¡Rut dejó todo atrás! Necesitamos convertirnos en mujeres como Rut. Mujeres valientes que digan: «Estoy decidida a vivir nada más que por Cristo y por él crucificado. No me vendo. Mis dones no están a la venta». Sin embargo, si está atada a sus logros, a sus conceptos, a los elogios; si deja que la búsqueda de reconocimiento la mantenga atrapada, permanecerá en esa condición, no alcanzará la victoria. Pero escúcheme, amada amiga: usted ya es hermosa. Ya fue comprada. Lo que necesita es encontrar al Dios de su llamado. Él la ayudará a saber en qué invertir y qué movimientos hacer.

El encuentro con el Dios de su llamado

Encontrarse con el Dios que la llamó es algo que tiene que ver con considerar a su ministerio y a usted misma desde la perspectiva de Dios. Cuando usted se ve a la luz de la gloria de Dios, el temor del Señor la llena al igual que un nivel de resolución y determinación necesario para completar su misión en la tierra. Cuando obtiene un verdadero despertar en su vida, comienza a evaluar todo lo que hace. Tiene todos los ingredientes listos. Se sorprenderá pronunciando las palabras con que se inicia el programa de juegos «El rival más débil» (Weakest Link, juego difundido por la televisión británica en el año 2000), que dice: «Eres el eslabón más frágil. Adiós». Cuando crucé el umbral de los cincuenta años, algo cambió dentro de mí. Fue entonces que me puse a pensar: «No, yo no soy eso. No soy nada débil». Escuche, amada, Chaka Khan nos mintió. No todas las mujeres somos eso. No todo está en nosotras. No. Solo somos lo que Dios ideó que fuéramos. La urgencia de estar a la altura de esto último surge cuando podemos decir: «Me he encontrado con el Dios de mi llamado».

Ahora bien, en cuanto a Rut, parece como si hubiera ocurrido un encuentro de fracciones de segundo entre Jehová y ella, algo que sucedió precisamente antes de que Rut le hablara a Noemí. En ese momento, la moabita supo lo que tenía que hacer para aferrarse a su destino. Dios la llamó y le confirmó su llamado en ese preciso instante. Ni siquiera se despidió de los suyos. ¿Está lista usted para hacer lo mismo?

Sea lo que sea, doctora, abogada o proveedora de cuidado diurno, hará todo lo que debe hacer porque eso es lo que se ajusta a lo que Dios ideó que fuera. Se moverá con tal resolución que diga: «Si está bien, ahí estoy. Si no está muy bien, ahí estoy. Si tengo que hacerlo sola, lo haré sola. Hago esto porque me he encontrado con el Dios de mi llamado». Por tanto, debemos intentar encontrar al Dios de nuestro llamado como lo hizo Isaías. Todos necesitamos una experiencia como la del profeta. Isaías dijo: «Vi al Señor excelso y sublime, sentado en un trono» (6:1). Y cuando el profeta vio a Dios, se vio a sí mismo.

A la luz de la gloria de Dios, vamos a vernos a nosotras mismas con tanta claridad que nos sentiremos motivadas a cambiar. En caso contrario, comenzaremos a ver lo que no está bien en nuestras vidas, lo que falla, lo que no encaja con los planes que él tiene para nosotras. Claro, no solo se trata de pecado o de arrepentimiento; esto también tiene mucho que ver con el propósito, y no solo con las cosas buenas, que hacemos sino con las cosas de Dios en general. Encontrarse con Dios en una manera tan cercana como lo hizo Isaías y luego ser limpiada con el carbón del altar es una experiencia transformadora de vida y que modifica cualquier paradigma. Lo cambia todo. Lo que pensamos que era correcto es desafiado. Puedo escuchar a Dios decirme: «Ven un poco más alto, hija mía». Es entonces que hallamos los caminos y los pensamientos de Dios en ese nivel. Es cuando llegamos a entender por qué la palabra del Señor, a través de Isaías, expresa lo siguiente: «Mis pensamientos no son los de ustedes, ni sus caminos son los míos» (Isaías 55:8). Insisto, a medida que nos encontramos con la gloria de Dios, empezamos a vernos verdaderamente a nosotras mismas, lo que somos y lo que no somos. Comenzamos a ver el abismo que separa el lugar donde estamos y el sitio en el que Dios quiere que estemos. En este punto ocurre un proceso de autoexamen completamente nuevo y sagrado. La luz comienza a separarse de la oscuridad, el alma del espíritu. Nuestro propósito y nuestro destino se hacen más claros. Se fortalecen en la presencia de Dios todopoderoso.

Es entonces que el Dios de nuestro llamado nos ayuda a ver a las personas a las que nos está llamando. Recuerde, la atracción del destino no solo se trata de usted. En el encuentro con su Creador, Isaías se humilla y dice: «¡Ay de mí, que estoy perdido! Soy un hombre de labios impuros» (Isaías 6:5a). La humillación que experimenta el profeta le hace cobrar conciencia de que la gente a la que es llamado a servir está en la misma barca: «Y vivo en medio de un pueblo de labios blasfemos» (Isaías 6:5b). Estar consciente de la condición de las personas que lo rodean se transforma en un sentimiento de urgencia y compasión por servirles y ministrarles. Por lo que dice: «¡Aquí estoy! ¡Envíame a mí!» (Isaías 6:8). A eso era a lo que el Señor lo estaba llamando. Con ese fin era que lo estaba purificando y equipando, de modo que estuviera listo para actuar. Al encontrarse con la presencia de Dios, Isaías se dio cuenta de la intención divina por la que fue creado.

Ver nuestro llamado a la luz de la gloria de Dios lo cambia todo. Nos hace volver a la vida, llegar a entender el propósito que tenemos y llegar al destino, por lo que dejamos todo lo demás. Encontrar al Dios de nuestro llamado nos enfoca en nuestras vidas y en todo lo que hacemos. Nuestros rostros se vuelven como el pedernal (Isaías 50:7). Sabemos lo que tenemos que hacer. Sin miedo, sin montañas, sin gigantes, sin nada más que importe. Cualquier otra cosa que venga en contra de nuestra asignación, ya sean los dardos de fuego del enemigo o el pecado pasado, no dictará nuestro futuro. Rut lo dejó todo y lo único que tenía era su futuro. Encontrarse con el Dios de su llamado activa su espíritu y la impulsa a avanzar. Al encontrarse con Dios, se verá obligada a decir: «Envíame a mí. Yo iré».

Mujeres, quiero que comprendan que cuando se les presente la oportunidad de hacer algo así, deben enfrentarla sin miedo. Les aseguro que obtendrán la confianza que necesitan si dedican tiempo a reunirse con el Rey. Encontrarán la fuerza para extenderse y enfrentar desafíos nuevos que las catapultarán a su próximo nivel, sentadas en la presencia de Dios. El llamado del profeta Isaías comenzó con la visión que tuvo con el Señor, sentado en lo alto y lo sublime. Esa perspectiva también le hizo ver un reflejo de sí mismo y la necesidad que tenía de que la presencia de Dios lo limpiara y lo acompañara en la siguiente fase de su misión. Estar en la presencia de Dios le hizo ver que las personas con las que había estado alternando también eran impuras. Como ya he dicho (y no puedo dejar de insistir en ello), es importante orar por conexiones divinas.

No solo debemos estar desesperadas por encontrar al Dios de nuestro llamado, sino que también debemos querer estar cerca de las personas que nos alienten y nos estimulen en cuanto a nuestro llamado. No permita usted que otra persona la aleje de su llamado. No se deje conmover por las palabras y la manipulación de otras personas. Déjese llevar por lo que Dios le diga. Creo que esa fue la razón por la que no hubo rechazo por parte de Noemí una vez que Rut tomó su decisión. Noemí sabía cómo trabajaba su Dios. Noemí no se interpuso en el camino de Rut al escuchar al Dios de su llamado por su propia cuenta. Noemí llegó a tal punto que insistió en que era una mala idea que Rut se fuera de su casa y de su parentela. Hizo eso para convencerse de la clase de seguridad que Rut tenía al respecto, de modo que pudiera decir: «Sí, esto es lo que el Dios de mi llamado dice que es correcto para mí: "Iré adonde tú vayas, y viviré donde tú vivas"» (Rut 1:16). En muchas maneras, estas palabras constituyen el rugido de Rut, un rugido que dejaba clara su disposición de seguir a Noemí y a su Dios hasta la tumba. ¿Puede oír la ferocidad silenciosa que yace tras sus palabras?

Ruge, Rut. ¡Ruge!

Oraciones que activan el rugido

No me quedaré callada. Abriré mi boca y hablaré la verdad del Señor. Seré una voz para los que carecen de voz. Decreto que todo bozal caerá de mi boca. Por el poder de tu Espíritu, quita de mi boca todo bozal de miedo. Seré la voz de la justicia.

Soy valiente y feroz. Caminaré en la plenitud de mi llamado. Perseguiré mis sueños. Buscaré la oportunidad de ser luz en este mundo oscuro.

Decreto: Que haya un gran despertar en mi alma. Deja que el fuego del Espíritu Santo me consuma. Acojo la osadía de la leona.

Espíritu Santo, despierta mi espíritu. Decreto que soy una emprendedora. No evadiré los desafíos de la vida. Viviré mi destino. Decreto que viviré una vida llena de pasión. Seré valiente y fuerte. Señor, fortaléceme con poder en mi ser interior. Soy fuerte en el Señor y en el poder de su fuerza.

Oración que invoca la presencia del Dios de su llamado

Padre, te pido que me llenes de tu sabiduría. Ilumina los ojos de mi entendimiento. Ayúdame a saber por qué me creaste. ¿De qué hablamos antes de estar en el vientre de mi madre? ¿En qué estabas pensando cuando me tejiste en el vientre de mi madre? Llena mi corazón y mi mente con los pensamientos que tienes respecto a mí.

Señor, deseo hacer todo lo que me propusiste. Dame gracia para cumplir tu llamado a mi vida. Señor, necesito una santa visitación. Derrama el Espíritu de conocimiento sobre mi ser. Quiero un entendimiento vivo de lo que soy ante tu trono. Hazme ver la vida desde tu perspectiva.

Quiero verte en lo alto y lo excelso. Señor, quiero conocerte. En tu presencia hay plenitud de gozo. Señor, muéstrame el camino de la vida. Señor, mi alma tiene sed de ti. Ven, Espíritu Santo, y sacia mi sed. Busco tu rostro. Anhelo ver tu poder y tu gloria.

Dios, revélate a mí. Quita las escamas de mis ojos. Anhelo ver a la humanidad desde tu perspectiva. Dirígeme y guíame. Quiero ser enviado por ti. Toma el carbón de tu altar celestial y límpiame de cualquier iniquidad y pecado que pueda perturbar mi llamado. En el nombre de Jesús, oro. Amén.

Capítulo 2

TEMPORADAS DEL DESTINO

No nos cansemos de hacer el bien, porque a su debido tiempo cosecharemos si no nos damos por vencidos.

—GÁLATAS 6:9

EL DESTINO COMIENZA con una semilla y cada una de nosotras tiene esa semilla del destino en su interior. La Biblia dice que Dios «ha puesto eternidad [un sentido de propósito divino] en el corazón de ellos [los humanos], sin que alcance el hombre a entender la obra que ha hecho Dios desde el principio hasta el fin [un anhelo misterioso que nada bajo el sol puede satisfacer, excepto Dios]» (Eclesiastés 3:11 RVR1960). Este anhelo tiene que ver con un propósito o destino tan grande que no podemos ni siquiera sondear. Es algo que está más allá de nuestra comprensión. Pero hay una parte que debemos descubrir, actuar en base a ella y aprovechar.

Dios está buscando a los que han de plantar y cultivar la semilla del destino que él puso dentro de ellos. Él está más que interesado en promover a hombres y mujeres que sean fructíferos, individuos que no solo hablen de eso, sino que también estén dispuestos a ponerlo en práctica. Si usted sabe que el Señor la está llamando a su destino, no puede permitirse permanecer en compañía de personas que no hacen nada. De la misma manera que ellas se imponen limitaciones, intentarán encarcelarla con sus expectativas de lo que debería ser usted, cosas que ellas creen que son dictadas por el color, el género, la clase social o el estatus económico. Pero no sea víctima de esa mentalidad ni se deje enganchar los grilletes y las cadenas de la sociedad actual. Tener conciencia del propósito y el destino de Dios le brinda toda la fuerza que usted necesita para enfrentar la oposición. Esa conciencia la afianzará cuando los recursos no se alineen con la visión. Le dará la fe y el valor que necesita para entrar en la visión. La provisión, los favores y las finanzas vendrán cuando usted comience a actuar. La gente la ayudará cuando usted se decida a actuar y empiece a ponerse en marcha.

Rut no tenía nada. Todas las probabilidades estaban en su contra, pero algo en su interior no la dejaba quedarse quebrantada ahí, en el lugar en que estaba. Creo que ella siempre fue una mujer que no temía a los riesgos. No se conformó al *statu quo* y se casó con un hombre de una cultura diferente. Rut tenía un espíritu distinto: el espíritu de Caleb y de Josué, uno que veía el futuro a través de los ojos de Dios a pesar de los intentos del enemigo por sabotear su destino. Al igual que los enemigos ocupantes que Caleb y Josué tuvieron que hacer salir corriendo de la tierra prometida, Rut también tuvo que ir a la guerra contra gigantes como el dolor, la pobreza y las costumbres —tanto sociales como culturales— que intentaron impedirle que llegara al siguiente nivel. Y así como aquellos espías, conquistó a todos los que se le oponían y entró a la tierra prometida para ella.

El hecho de que usted no pueda ver su camino no significa que no pueda abrirlo. La «insuficiencia» es un espíritu, pero el espíritu que usted debe adoptar en esta temporada es ese que dice que es más que suficiente.

Las Rut de hoy en día pueden enfrentarse a la pobreza, al desempleo y a las pérdidas así como al dolor en su extensa variedad de modalidades. Sin embargo, las dificultades la obligan a usted a hacer movimientos arriesgados o a optar por quedarse en el sitio y morir. Las dificultades hacen que usted tenga que tomar decisiones. Así que estudiaremos la manera en que cada vez que Rut estaba en una situación difícil, tomaba la decisión de seguir moviéndose; y, cada vez que se movía, la gracia la seguía. La gracia no llegaba antes de que ella decidiera moverse; venía después. A fin de cuentas, Rut terminó en su destino, lo que yo llamo su «lugar maravilloso».

Deje que Dios la lleve a través del invierno

Muchas veces, cuando sentimos el empujón del destino, también sentimos el empellón del pasado. El enemigo usará esto para crear miedo, haciéndonos creer que si avanzamos —de alguna manera— las cosas que hemos hecho en el pasado volverán para sabotear nuestro futuro. Tememos que, justo cuando nos sentimos cómodas en nuestra nueva vida, Dios regresará como un segador para cobrar nuestros fracasos pasados. Pero déjeme animarla con esto: Dios es bueno y su misericordia triunfa sobre el juicio. Sí, hay una temporada en la vida en la que hacemos un inventario y Dios nos muestra las áreas en las que debemos dar un paso adelante. Se nos muestran las partes no muy grandes de nosotras mismas, las partes nuestras que no están alineadas con Dios y su propósito para con nosotras, las partes de las que necesitamos arrepentirnos y recibir liberación, ¡lo cual es bueno!

En mi libro, *La unción de Débora,* destaqué cuatro temporadas espirituales que atravesamos en la vida: invierno, primavera, verano y otoño. La temporada a la que me refiero aquí es el invierno espiritual:

Nuestro invierno espiritual puede parecernos un tiempo de oscuridad en el que nuestra vida no es fructífera y nuestros sueños están muriendo. Pero durante el invierno no se cosechan frutos. Es una época en la que Dios mata todo aquello que podría afectar la cosecha de la siguiente temporada en nuestra vida. El invierno espiritual es la estación más incómoda para muchos cristianos. Pero es el momento para redefinir y desarrollar aún más una relación con el Dios de nuestro llamado. Aquí es cuando Dios continúa desarrollando nuestro sistema de raíces en él. En el invierno él nos dará instrucciones para plantar nuevos cultivos en primavera, que es la próxima estación. El invierno espiritual es un tiempo para evaluar, planear y preparar. Es el momento para abandonar todo aquello que pudiera destruir nuestro llamado. Es el momento de entender el carácter único de nuestro llamado.[1]

Sabemos por la historia de Rut que Elimélec, el esposo de Noemí, llevó a su familia lejos de Belén, que estaba en la tierra de Canaán, la tierra que mana leche y miel, y fue a Moab con el fin de escapar de una hambruna que asolaba su terruño. Según todos los informes, con ello intentó resguardar a su familia y protegerla de las consecuencias del hambre. Pero esa hambruna fue un pronunciamiento de Dios contra el pueblo de Israel por no andar de acuerdo con el pacto que él había establecido con ellos. (Ver Levítico 26:19-20). Si somos sabias, sabremos que no podemos dejar atrás los juicios de Dios, los que muchas veces son consecuencias de nuestro propio pecado. Debemos recordar que Dios castiga a los que ama (Hebreos 12:6-7).

No nos beneficiamos cuando tratamos de acortar esos tiempos de amorosa disciplina. Hay cosas que Dios hace en esta temporada que no se pueden hacer en ningún otro momento. El invierno construye en nosotras el carácter para lidiar con la cosecha que comienza a brotar en la temporada de primavera. Y aunque Elimélec sacó a su familia de la línea de fuego, ninguno de ellos escapó de su temporada de invierno. De hecho, sus acciones pueden haber provocado que ese invierno se hiciera más intenso. El *Comentario Bíblico de Matthew Henry* dice lo siguiente: «No se debe culpar al cuidado de Elimélec por mantener a su familia; pero su salida al país de Moab no era justificable. Sin embargo, ese movimiento terminó con la destrucción de su familia».[2] En el primer capítulo de Rut encontramos que Elimélec murió en Moab. Sus hijos, Majlón y Quilión, luego se casaron con mujeres moabitas, lo cual no se ajustaba al pacto de los israelitas con Dios. Ellos no debían casarse con mujeres de naciones idólatras. Pero lo hicieron y los hijos también murieron.

Así que podemos ver que, a fin de cuentas, el intento de Elimélec de sacar a su familia de un peligro no fue suficiente, por lo que a su familia le fue peor que si se hubiera quedado en Belén. Él no le dio a su familia —ni a sí mismo— la bendición y la fortaleza que se obtienen como resultado de resistir la temporada de invierno. No tuvieron la oportunidad de ver qué era fructífero y qué no lo era, a qué aferrarse y qué soltar. Lo mismo es cierto para nosotras: no llegamos a experimentar la obra completa del Señor cuando tratamos de evadir el proceso.

Entonces viene la primavera

Hablaré con más detalle acerca de Noemí a medida que avancemos en la función espiritual que tenía para influir en la unción de Rut, pero es importante reconocer aquí que Noemí fue el agente catalizador del cambio en el destino de ella y de Rut. La decisión de Noemí de volver a la obediencia regresando a su tierra natal corrigió el error de su esposo, en primer lugar. Al volver a la obediencia, también estaba restableciendo, o volviendo a invocar, la bendición del pacto del Señor sobre su vida y la de su familia, que ahora incluía a Rut.

Con la voluntad de regresar a casa, la disposición a enfrentar la vergüenza de su desolación y el acto de asumir la estación de invierno en nombre de su esposo, Noemí empujó a Rut a su temporada de primavera, lo que le permitió ser recompensada una vez más con un matrimonio y una familia felices, para así caminar con honra entre un pueblo extranjero y vivir con la abundancia prometida a los escogidos de Dios. Con eso también abrió un camino para que Rut cumpliera la parte más significativa de su destino, que era ser madre en el linaje de Cristo. Lo que es aún más significativo es que el tiempo de invierno de Rut se acortó. Tras su declaración en Rut 1:16-17 —«iré adonde tú vayas, y viviré donde tú vivas. Tu pueblo será mi pueblo, y tu Dios será mi Dios. Moriré donde tú mueras, y allí seré sepultada. ¡Que me castigue el Señor con toda severidad si me separa de ti algo que no sea la muerte!»— la moabita hizo un pacto con Noemí y se volvió a Dios. A partir de ese momento, Rut se puso a disposición de Dios para podar y purgar todas las cosas que pudieran haberse interpuesto en el camino de su destino. Había una distancia de noventa kilómetros de Moab a Belén y, durante el trayecto de ese viaje, Rut estaba siendo preparada para su cosecha. Según cuenta la historia, «cuando [Rut y Noemí] llegaron a Belén, comenzaba la cosecha de cebada» (Rut 1:22). El invierno de Rut se aceleró y la trasladaron directamente a un lugar en el que recogería la cosecha de primavera.

Las mujeres que tienen la unción de Rut en este momento de la historia también pueden esperar que el Señor acelere su progreso a áreas de mayor honra y gran influencia. Pero no podemos caminar en ese nivel de destino sin antes estar dispuestas a pasar por lo que sea necesario para convertirnos en un recipiente listo para que el Señor lo llene. Rut estaba dispuesta a morir y ser enterrada con Noemí. Su lealtad y su compromiso fueron hasta la muerte. No podemos esperar una cosecha fructífera si no estamos dispuestas a darlo todo por ella. Jesús dijo: «Porque todo el que quiera salvar su vida [en este mundo], [al fin] la perderá [por la muerte]; y todo el que pierda su vida [en este mundo] por causa de mí, la hallará [es decir, la vida conmigo por toda la eternidad]» (Mateo 16:25). Insisto, Rut eligió lo mejor. Las mujeres con la unción de Rut tienen los ojos puestos en la eternidad. Su toma de decisiones habrá de basarse en lo que el Señor les mostró durante la temporada de invierno. Cuando llegue la primavera, no dudarán en actuar de acuerdo a la palabra de Dios que ya recibieron. Debido a eso, no habrá demora en la gracia y la bendición que se derramará sobre sus vidas.

Marcada por la redención

Cuando pasemos del invierno a la primavera, la unción de Rut se centrará en el torrente de empoderamiento que Dios envía directamente desde su presencia para que podamos superar cada obstáculo que se nos presente en el camino. Entonces no solo venceremos, sino que también nos convertiremos en una fuente de salud y liberación para otros. Algunas de nosotras podemos sentir que el tiempo de nuestra influencia ha pasado debido a las demoras que nosotras mismas pusimos en nuestro propio camino, pero estoy aquí para decirles que Dios está en el negocio de redimir los sueños abandonados, las ilusiones rotas y las aspiraciones olvidadas. En esta temporada, el Señor está derramando su misericordia y dándonos a muchas de nosotras una segunda oportunidad. Su raza, su sexo ni su situación económica importan; el Señor está redefiniendo y, en muchos casos, definiendo el *destino*.

El destino no está decidido; se descubre, tanto que dentro de la unción de Rut hay una extensión especial de la gracia y la misericordia de Dios que sirve para redimir el tiempo con el fin de descubrir y actuar en cuanto a nuestro propio destino. La historia de Rut nos enseña que la misericordia del Señor es nueva cada mañana, triunfa sobre el juicio y perdura para siempre. El Libro de Rut lleva en sus páginas el poderoso mensaje de redención, que es una manifestación de la misericordia de Dios al alma que lo elige a él. Rut es un libro que trata acerca de una segunda oportunidad. Nos enseña cómo podemos acceder al poder del amor redentor de Dios activando, simplemente, nuestro poder de elección y devoción. Un erudito comentó que la resolución de Rut de seguir a Noemí, en vez de regresar con su propia gente, fue la clave para acabar con el trabajo del enemigo en su vida. Ella no vaciló. Su decisión cerró y echó el cerrojo a la puerta, resistió al diablo y lo obligó a huir.[3] ¿Podemos ver esto por nosotras mismas? Dígale al Señor en forma sencilla, pero asertiva: «Iré adonde tú vayas, y viviré donde tú vivas. Tu pueblo será mi pueblo, y tu Dios será mi Dios». (Ver Rut 1:16). Esta es la declaración poderosa y necesaria que debemos plantear al Señor mientras nos sometemos a su manera de restaurarnos y redimirnos.

A medida que profundicemos en el Libro de Rut, su historia comenzará a satisfacer algunos de los anhelos de liberación de nuestras almas. Destacará nuestras razones en cuanto a la esperanza que tenemos en Cristo nuestro Redentor. También veremos el tema del extraordinario servicio que resulta en bendiciones asombrosas. Rut es una prueba clara de que Dios desea que lo sigan personas de todos los orígenes y que él puede obrar en nuestras vidas en maneras tremendas para influir en la vida de muchos. Hay una gran compañía de mujeres que poseen la determinación y la resiliencia para ser pioneras en nuevos territorios. Mujeres que no se revolcarán en la autocompasión ni tendrán mentalidad de víctima. Mujeres que no se conformarán con lo que sea que les depare la vida. Las Rut de hoy en día serán fortalecidas por el espíritu pionero, el cual las habilitará para dejar atrás las cosas viejas y las impulsará hacia las nuevas.

El lugar de liberación de usted puede convertirse en su sitio de cautiverio si no está lista para moverse cuando el Espíritu le diga que lo haga. Algunos lugares fueron diseñados para su liberación, pero no estaban destinados a ser el hogar suyo. Tenga cuidado de no permitir que lo que Dios usó durante una temporada se convierta en un lugar de estancamiento. En el centro de la unción de Rut está la disposición a salir de la complacencia en cualquier momento. ¿Está lista para mudarse?

Oración para liberar el espíritu de los hijos de Isacar

Señor, tu Palabra dice que los hijos de Isacar entendieron los tiempos y sabían lo que Israel debía hacer. Te pido que liberes esa misma gracia sobre mi vida. Decreto que soy una mujer que comprende los tiempos de mi vida. Me moveré en completa sincronización con el tiempo tuyo.

Señor, dame la sabiduría de los hijos de Isacar para entender los tiempos en los que vivo. Oh Dios, te pido que me mantengas en perfecta sintonía contigo. No me dejes adelantarme a tu proceso. Pido gracia para perseverar.

Señor, también oro para conocer los tiempos y las sazones de mi generación. Deseo comprenderlos. Quiero entender mi cultura. Señor, te pido que me des una visión celestial para involucrar de manera efectiva mi cultura. En el nombre de Jesús, amén.

Capítulo 3

DEJE LO FAMILIAR

¡Voy a hacer algo nuevo! Ya está sucediendo, ¿no se dan cuenta?

—Isaías 43:19

A todas nos encanta hablar de cosas nuevas: nuevas posibilidades, nuevas oportunidades, nuevos trabajos, nuevas casas, ropa nueva, etc. Solo hay un nivel de alegría asociado con las cosas nuevas. Sin embargo, antes de que podamos aceptar cosas nuevas en nuestra vida, debemos dejar las cosas viejas. Siempre que Dios abre un nuevo capítulo en la historia de nuestras vidas, hay un final para el capítulo pasado. Lo nuevo es maravilloso, pero a veces las circunstancias que rodean la entrada a lo nuevo pueden ser desafiantes o incluso dolorosas.

Dios ha determinado cosas nuevas para sus hijas, pero para estar en posición de recibirlas se requiere que dejemos las relaciones, los métodos y los sistemas familiares establecidos para abrazar las cosas nuevas. La transición de lo antiguo a lo nuevo demanda paciencia, compañerismo y perseverancia. Si vamos a adoptar lo nuevo, debemos comprender el proceso de transición. Se requerirá tanto de un nuevo sentido de propósito como de audacia para salir de cada marco religioso. Se necesitará pasar por un proceso de conexión y reconexión.

Muchas veces al buscar la novedad, la humanidad tiende a hacerlo sin considerar a Dios. Muchos quieren cosas nuevas en sus propios términos. Rut se arriesgó y dejó lo familiar por su destino. La vida comienza cuando dejamos nuestras zonas de confort. Rut abrazó de todo corazón una nueva cultura, un nuevo hogar y una nueva religión. Las cosas nuevas que entraron en la vida de Rut no las obtuvo bajo sus propios términos. Tuvo que doblegar su voluntad a la del Señor para poder entrar en su próxima temporada.

Olvide las cosas que quedan atrás

El apóstol Pablo dijo: «Olvidando lo que queda atrás y esforzándome por alcanzar lo que está delante, sigo avanzando hacia la meta para ganar el premio que Dios ofrece mediante su llamamiento celestial en Cristo Jesús» (Filipenses 3:13-14). La parte más difícil de dejar las cosas que nos son familiares es olvidarlas. La memoria es un mecanismo poderoso. Si usted escucha un sonido o huele una fragancia, se puede activar un recuerdo. Creo que podemos tener un vínculo profundo con una ciudad o una cultura. Nos encantan las comodidades a las que estamos acostumbradas. No hay estilista como la que me arregla el pelo a mí. Ninguna otra tienda vende los cortes de carne bien hechos. Además, están los amigos, la familia y la comunidad que también extrañaríamos, en caso de dejarlos. Los entornos familiares y las personas relacionadas con ellos pueden apoderarse de nosotras y hacer que nos quedemos demasiado tiempo en una temporada de la vida en la que Dios está listo para movernos a dondequiera que desee. Debemos actuar de manera deliberada e intencional en lo que se refiera a dejar el pasado para abrazar el futuro.

Otra cosa a tener en cuenta es que el miedo a lo desconocido puede hacer hasta que nos quedemos atrapadas en circunstancias que aborrecemos o en las que nos sintamos miserables. Ese temor es provocado por las mentiras que creemos en cuanto a nosotras mismas y sobre los demás, como por ejemplo: «No vales la pena», «No tienes suficiente talento», «Dios no te está hablando», «Nunca harás amigos como los que tienes aquí», «No encontrarás un lugar para vivir y establecerte como este» o «Si te vas, te olvidarán». Mentiras como estas pueden convencernos y hacer que nos quedemos donde estamos. Pueden hacernos creer que es mejor conformarnos con la miseria conocida que emprender un viaje al lugar desconocido al que Dios quiere llevarnos.

Creo que el poder de la unción de Rut radica, en parte, en negarnos a sucumbir a la atracción de permanecer en un ambiente familiar. Rut también se negó a convertirse en víctima de sus circunstancias. Tenía la capacidad de ver las oportunidades que se le presentaban y no dudaba en responder, lo que le permitió caminar directamente hacia el futuro más grandioso que jamás pudo imaginar. Las mujeres con la unción de Rut tienen la fuerza interior para elevarse por encima de su pasado; por lo que, con tenacidad y perseverancia, alcanzarán su destino.

Claves para una exitosa transición de lo antiguo a lo nuevo

La transición requiere movimiento, cambio y, en algunos casos, reubicación. La *transición* se puede definir como «el proceso o período de cambio de un estado o condición a otro».[1] Otras palabras asociadas con *transición* son *cambio*, *pasaje*, *movimiento*, *transformación*, *conversión*, *metamorfosis*, *alteración* y *modificacion*.[2] Dejar lo viejo por algo nuevo implica incertidumbre y miedo, pero el resultado final es crecimiento y madurez.

Dios orquesta y ordena nuestros pasos a través de temporadas de transición. Aunque parezcan esquivos y, a veces, inseguros, puede descansar sabiendo que Dios ha establecido pasos para su transición que trabajarán juntos para el bien de usted. El Dios poderoso al que servimos es omnisciente (conocedor de todo) y omnipotente (todopoderoso). No es limitado por el tiempo. Dios habla de la situación que usted atraviesa en el presente desde el futuro y, como usted sabe que él ve su final, puede confiar a dónde la ha de llevar.

Ya sea por razones positivas o por menos dichosas, la transición no es un proceso fácil. A algunas de nosotras no nos gustan mucho los cambios al mismo tiempo; es por ello que la transición desafía nuestra base de conocimientos y nuestras rutinas. Podemos pensar en todo el tiempo que nos llevó finalmente entender dónde estamos ahora, lo que hace que dudemos pasar por otra transición de vida. Pero Dios está con nosotras y ha abierto un camino para que tengamos éxito. A continuación tenemos algunas claves para experimentar una transición exitosa, ya sea que esté dejando una circunstancia traumática o Dios simplemente le esté diciendo: «Sube más alto».

Viva una vida dedicada y sometida a Dios

Rut dedicó su vida a Dios, que es lo más sabio que puede hacer una persona. Eso la coloca a usted en una posición adecuada para escuchar la dirección de Dios y sentir su mano actuar en su vida. Cuando Dios nos habla, muchas veces nos ensimismamos pensando en lo que queremos, lo que podemos hacer y meditando en aquello con lo que nos sentimos cómodas. Esto es lo que no puede hacer una verdadera Rut de nuestros días. Debe ser hecha «no mi voluntad, sino la tuya». A veces estamos en una condición que llamo «obstinación». Al someternos a Dios, resistimos al diablo y, por supuesto, él huirá de nosotras (Santiago 4:7). Cuando nos sometemos a Dios, hacemos que el enemigo pierda el control de lo que Dios nos ha prometido. Cuando decimos: «No, no puedo hacerlo», y las mujeres son famosas por pronunciar estas palabras (aunque muestran una falsa humildad), aún nos miramos a nosotras mismas, lo que podemos o no podemos hacer. Lo crea o no, estamos manifestando un espíritu de orgullo cuando no le decimos que sí a Dios porque vemos nuestra incapacidad. También estamos manifestando incredulidad y duda en el poder de Dios. Estar dedicadas y sometidas a Dios significa que conocemos y confiamos en la capacidad de él para obrar a través de nosotras cuando nos llame a algo. Nos apresuramos a decir:

«Sí, Dios», porque confiamos y creemos que él está con nosotras y nos preparará para la tarea que tenemos por delante. ¿Ha escuchado alguna vez la frase «Dispara primero, pregunta después»? Bueno, estoy reclamando eso para el reino. Las mujeres con la unción de Rut le dicen que sí a Dios y luego preguntan. Eso es lo que realmente cuenta. No estoy diciendo que Dios no sea receptivo a los cuestionamientos. Pero si nuestras preguntas se forman a partir de la duda y el miedo, son solo formas de retrasar nuestro propósito. Las mujeres con la unción de Rut son aquellas que se han encontrado con el Dios de su llamado. Son fieles, dedicadas, comprometidas y leales a Dios y su llamado en sus vidas. Creen en sus promesas y le obedecen sin dudarlo. Son resueltas, decididas, firmes, enfocadas y listas.

Confíe en el Dios que es dueño de su futuro

La transición requiere confiar en Dios y estar dispuesta a seguir los planes y propósitos de él, no los de usted. Proverbios 3:5-6 dice: «Confía en el Señor de todo corazón, y no en tu propia inteligencia. Reconócelo en todos tus caminos, y él allanará tus sendas». La historia de Rut trata acerca de la transición física, espiritual, emocional y cultural que implica pasar de un lugar a otro. A lo largo de su viaje, Rut mantuvo sus ojos fijos en Dios, confiando en que él tenía un plan para su futuro. Cuando nos sentimos ansiosas o inseguras es porque es patente nuestra incapacidad de ver lo que Dios ve. La Palabra de Dios es una lámpara para nuestros pies y una luz para nuestro camino (Salmos 119:105), pero —por lo general— solo nos da la luz suficiente para ver el siguiente paso. Es posible que deseemos poder ver kilómetros adelante en el camino, pero Dios quiere que confiemos en él en cada paso que demos. Somos limitadas en cuanto a lo lejos que podemos ver el futuro, pero Dios no. Él ve el final desde el principio. Y no solo ve el final desde el principio, sino que también declara y orquesta cada uno de ellos.

Yo soy Dios, y no hay nadie igual a mí. Yo anuncio el
fin desde el principio; desde los tiempos antiguos, lo
que está por venir. Yo digo: Mi propósito se cumplirá,
y haré todo lo que deseo.

—ISAÍAS 46:9-10

Así como Rut, podemos confiar en que el futuro que Dios
prevé para nosotras es bueno en gran manera. En Jeremías
29:11 dice: «Porque yo sé muy bien los planes que tengo para
ustedes —afirma el Señor—, planes de bienestar y no de cala-
midad, a fin de darles un futuro y una esperanza». Dios sacó
a Rut de un lugar en el que imperaban el dolor y la pobreza a
un sitio donde había esperanza y abundancia. Este es el mismo
plan que él tiene para usted hoy.

Mantenga la fuerza interior y el valor

Cultivar la fuerza interior y el valor es importante para
desarrollar la unción de Rut. Son herramientas intangibles
por las que debe orar. La Biblia dice, en Efesios 3:16 (NTV),
que el apóstol Pablo pidió «en oración que [Dios], de sus glo-
riosos e inagotables recursos, los fortalezca con poder en el
ser interior por medio de su Espíritu [morando en su ser más
íntimo y en su personalidad]». De modo que, lo que debe
hacer ahora es pedirle a Dios la fuerza y el valor para permanecer con él a través de los altibajos de la transición que usted
debe atravesar.

Hay cuatro maneras en las que usted puede fortalecerse y
energizarse durante la transición:

1. Lea y estudie la Palabra de Dios. A medida que asimila
   la Palabra de Dios, guárdela en su corazón, de modo
   que se fortalezca en la fe, al conocer y creer las promesas de Dios. Su Palabra también la mantendrá segura
   en él, recordándole sus caminos y su justicia. El cantor
   de Israel dice, en el Salmo 119:11, lo siguiente: «En mi
   corazón atesoro tus dichos para no pecar contra ti».

2. Lleve cautivo todo pensamiento (2 Corintios 10:5). Como ya lo hemos identificado, las mujeres con la unción de Rut tienen la mente puesta en la dirección que Dios les ha dicho que vayan. Cuando usted detecta y expulsa los pensamientos incorrectos o negativos, mantiene el enfoque en las cosas de Dios, esas que no pueden ser estremecidas.

3. Póngase la armadura de Dios (Efesios 6:10-18). Como señalé en mi libro *La unción de Ana*: «Pablo da la clave para entrar en una oración de guerra eficaz: usted debe vestirse apropiadamente. Ponerse toda la armadura de Dios requiere propósito e intencionalidad. Ponerse la armadura le asegura la victoria en el espíritu. Así como tiene que ir a su armario y seleccionar la ropa que ha de usar en el día, debe ponerse la armadura de Dios todos los días. Cuando vaya a ponerse esa armadura no olvide ningún avío. Cada pieza debe usarse para brindar protección y resistencia. El soldado debidamente armado posee una sinergia de fuerza y poder extraordinaria. Ponerse la armadura de Dios requiere tomar la decisión diaria de vivir como un soldado en el ejército del Señor».[3]

4. Esté alerta, permanezca firme, sea valiente y sea fuerte. Este es un mandamiento cuádruple que se establece en 1 Corintios 16:13 y todo, absolutamente todo, tiene que ver con nuestra fe en Dios. La fe es el gran catalizador de la mente y el espíritu. La fe es el contrapeso del miedo. La fe trae paz, y la paz de Dios protege nuestro corazón y nuestra mente en Cristo Jesús (Filipenses 4:7). Este mandamiento refleja el versículo de Proverbios que dice que debemos cuidar nuestros corazones porque de ellos fluyen los asuntos de la vida (Proverbios 4:23). Un corazón fuerte es un corazón valiente. Ser fuerte y valiente es también un mandamiento recurrente en la Biblia. Dios le dijo a Josué que fuera fuerte y valiente ya que estaría con él dondequiera que fuera

(Josué 1:9). La fuerza interior y el valor se refieren a cuánto podemos elevar la fuerza de Dios por encima de la nuestra. Y no es una sugerencia, es una orden.

Rompa definitivamente con el pasado

Cuando el Señor la está trasladando a un nuevo lugar, usted debe abandonar las viejas mentalidades. La transición es el espacio entre el lugar antiguo y el nuevo. La persona en transición no es la que solía ser, pero no es la que va a ser. Sin embargo, en cada transición se debe tomar una decisión definitiva para dejar lo que se necesita y estar lista para moverse cuando sea el momento de hacerlo.

Rut hizo un rompimiento claro con el pasado al dejar todo atrás. Dejó a su padre y a su madre con el fin de aferrarse a su suegra. Dejó su ciudad natal y se mudó a una nueva. Se retractó de la fe que tenía en sus dioses y se consagró a servir al único Dios verdadero. Abandonó la temporada de duelo por su difunto esposo y agradeció la oportunidad que se le presentó de tener un nuevo amor y un matrimonio. Esas fueron las acciones que siguieron a la declaración de la moabita en Rut 1:16-17. Ella tomó una decisión y siguió adelante.

Es posible que su transición no sea tan drástica. Debe escuchar al Señor. Después, una vez que él le muestre lo que le está llamando a hacer, haga la declaración y muévase. Deje lo que Dios le está ordenando que abandone y abrace lo que él la lleva a abrazar.

Continúe moviéndose, no se detenga

La transición requiere movimiento e impulso. Si se detiene en medio de la transición, podría significar la muerte: espiritual, emocional o, en el caso de Rut y Noemí, física. La única razón por la que no se quedaron en Moab, el motivo por el que no pudieron detenerse a medio camino entre Moab y Belén es porque, si se detenían, al fin y al cabo habrían muerto también. No tenían dinero, ni comida, ni provisiones para sustentarse. Sin embargo, Noemí sabía que —si continuaban— llegarían en el momento preciso para la temporada de cosecha; por lo que serían alimentadas y aprovecharían la atmósfera de la bendición de Dios que había regresado recientemente a Israel. Tenían que seguir moviéndose.

Para Rut, fue un poco más. El destino la atraía y la impulsaba hacia adelante. Dios tenía un plan para ella. Si se hubiera detenido, habría eliminado todo lo que se relacionaba con su destino. Rut iba a ser una madre en la línea genealógica de Cristo. Su compromiso de seguir avanzando y responder al llamado de su destino tenía que ver con la salvación del mundo.

Si usted se detiene antes de llegar al lugar que Dios le tiene preparado, puede morir espiritualmente en el sitio donde se encuentre. Cuando usted se detiene y se tranquiliza, sus músculos espirituales pueden atrofiarse y —por ende— puede quedar inmovilizada. Esta puede ser una de las consecuencias de salir de la corriente que fluye de Dios. De modo que debe seguir moviéndose. En la medida en que se mueva cuando Dios se mueve, usted se mantiene en línea con su tiempo. Rut y Noemí llegaron justo a tiempo para la cosecha. Las condiciones estaban dadas; ese era el lugar que Dios estaba preparando para ellas, un lugar en el que había todo lo que las dos mujeres necesitaban. Si dudaban o se tomaban su tiempo para considerar la oportunidad, se la habrían perdido.

Cuando usted se mueve por fe, cuando ha dicho que sí y comienza a moverse en la dirección que Dios le ordena, es probable que la vacilación, el estancamiento o la demora hagan que pierda el impulso, dándole a esa fe un giro tal que puede llegar a convertirse en miedo. Usted no puede detenerse ahí porque no tiene nada por lo cual regresar ni tampoco tiene nada donde está. De forma que debe seguir avanzando hacia su destino.

Prepárese para aprender nuevos modos
y métodos de operación

Rut tuvo que aprender una forma de vida completamente novedosa. Ella había vivido como moabita toda su vida y ahora estaba entrando en una tierra en la que la gente hacía todo de manera diferente a lo que ella estaba acostumbrada. Rut tuvo éxito porque estaba dispuesta a aceptar cosas nuevas y, más que todo, estaba lista para aprender. La chica se destacó porque escuchó a su mentora, Noemí, que la entrenó en las costumbres y hábitos de la nueva cultura en la que se internó. A ese respecto, la Biblia nos dice que la obediencia es mejor que el sacrificio (1 Samuel 15:22). La voluntad de Rut y el hecho de obedecer el consejo de Noemí fueron los elementos fundamentales para su supervivencia.

Las Rut de hoy deben imitar la actitud de la moabita y honrar la sabiduría de las generaciones anteriores. Cuando Dios la cambie a usted a un nuevo lugar, también le dará nuevos métodos para operar. Así que debe ser flexible y sagaz en el nuevo lugar que ocupe. La transición da como resultado nuevos roles y nuevas responsabilidades, por lo que tiene que estar dispuesta a aprender y a adaptarse a una nueva forma de hacer las cosas. A veces, los cambios pueden ser mínimos, pero en otras ocasiones Dios puede llamarla a hacer cambios importantes. Su trabajo es estar dispuesta a cambiar, crecer y aprender, independientemente de las circunstancias que la rodeen.

Busque y aférrese al consejo sabio

El apóstol Pablo les dice a los creyentes de Roma y a nosotras: «Aborrezcan el mal; aférrense al bien» (Romanos 12:9). Estar rodeada de consejos sabios y piadosos es bueno. De hecho, a diferencia del necio que tiene sus propias ideas sobre cómo hacer las cosas, la persona sabia escucha el consejo de otros (Proverbios 12:15). Así que no solo el consejo es sabio, sino que mostramos sabiduría cuando lo buscamos. La sabiduría hábil y piadosa es lo más importante, y la podemos obtener entre la multitud de consejeros.

Es normal que nos bombardeen con las opiniones de la gente en cuanto a lo que debemos hacer y cómo debemos llevar a cabo lo que Dios nos ha llamado a realizar. Pero solo debemos aferrarnos a aquellas cosas que nos ayuden a cumplir con nuestra asignación. Una forma de hacerlo es rodearnos de una multitud de consejeros sabios. En nuestras vidas modernas, este sería el círculo íntimo de los amigos, familiares, consejeros y mentores que conocen el llamado de Dios a su vida y que están comprometidos a verla cumplir con dicha comisión.

Rut escuchó el consejo de Noemí. Esta era mayor, tenía experiencia en los caminos de Dios y era una esposa fiel y una madre abnegada. Había vivido sabiamente el camino que ahora estaba emprendiendo Rut. Job 12:12 dice: «Entre los ancianos se halla la sabiduría; en los muchos años, el entendimiento». En Tito 2:3-5 se anima a las mujeres mayores a enseñar a las jóvenes.

Rut también escuchó a Booz, que le indicó cómo obtener el grano que necesitaba para alimentar a Noemí y a ella misma (Rut 2:8-9). La moabita no siguió la búsqueda de su destino con la mentalidad de que tenía todo lo que necesitaba dentro de sí misma. Era receptiva a las personas que Dios puso en su camino. Estaba dispuesta a que la enseñaran y la aconsejaran sobre ese nuevo lugar al que había llegado. Sus relaciones tanto con Noemí como con Booz son modelos de tutoría y sabios consejos. Cuando busque a alguien que le aconseje sobre algo con lo que está lidiando en la vida, busque a un individuo que tenga experiencia y que sea exitoso en el área que usted está tratando de buscar ayuda. El consejero debe ser alguien a quien pueda admirar y respetar. Además, no es necesario que todos los aspectos que le interesa conocer y que tengan que ver con su llamado provengan de una sola persona. Muchas veces puede recibir un consejo de una persona y otro de otra. Reunir el consejo en oración ante Dios puede ayudarla a hacer una transición exitosa. Recuerde, «en la multitud de consejeros hay seguridad» (Proverbios 11:14 RVR1960).

Un espíritu diferente

Al estudiar a Rut, he llegado a creer que su unción no tenía que ver con resolver su futuro ni con la certeza de poder descansar consciente de que ella había descubierto y analizado el cuadro completo de lo que Dios estaba haciendo. Al contrario, la unción de Rut tiene que ver con ser fiel a lo que Dios dice hoy, seguirlo hoy y confiar en él mañana. Dios también me ha mostrado que este es el espíritu que domina la transición de lo viejo a lo nuevo, de lo cómodo a lo desconocido y de la mediocridad a la grandeza.

En nuestra cultura tenemos el desafío de soñar en grande, establecer metas y hacer planes que nos asusten para que podamos confiar en que Dios los cumplirá. Pero no veo que eso sucediera con Rut. Ella no era ambiciosa en ese sentido. No tenía grandes planes para el futuro. Simplemente, entregó su vida en Moab por completo, en silencio, con calma, confianza y con una serenidad tal que acompañó a su suegra —algo que no hizo ni siquiera con su propia madre— a un lugar que no conocía, para vivir con gente que no conocía. ¿Quién hace algo como eso? Solo una Rut. Notemos, por otra parte, que la profetisa Débora no poseía esa característica. Era una mujer que estaba muy orientada a los objetivos. Sus aspiraciones eran muy altas y supo que Dios le había dado la fuerza y el intelecto para alcanzarlas. Por otro lado, la travesía de Ester se vio perturbada por el secuestro. Tanto que terminó en un lugar que no eligió. Ana, por su parte, fue una mujer que se movía principalmente en el espíritu, a través de la oración y la intercesión. Pero Rut tenía una unción muy diferente. En Números 14:24 (RVR1960) nos encontramos con un espíritu que se parece mucho más al espíritu de Rut: «Pero a mi siervo Caleb, por cuanto hubo en él *otro espíritu*, y decidió ir en pos de mí, yo le meteré en la tierra donde entró, y su descendencia la tendrá en posesión» (énfasis agregado). Si recuerda la historia de los israelitas, observará que precisamente antes de que entraran a la tierra prometida (adonde iban Rut y Noemí), Moisés envió espías para inspeccionar la tierra y que regresaran con un informe. Ese reporte le daría al ejército de Israel lo que se necesitaba saber para que pudieran tener las fuerzas y las armas adecuadas para conquistar el territorio.

Cuando los espías regresaron, dieron el informe que sigue:

Nosotros llegamos a la tierra a la cual nos enviaste, la que ciertamente fluye leche y miel; y este es el fruto de ella. Mas el pueblo que habita aquella tierra es fuerte, y las ciudades muy grandes y fortificadas [amuralladas]; y también vimos allí a los hijos de Anac [gente de gran estatura y valor] ... No podremos subir contra aquel pueblo [el de Canaán], porque es más fuerte que nosotros

—NÚMEROS 13:27-31 RVR1960

La opinión de Caleb acerca de la situación fue diferente. Con unas pocas palabras, Caleb silenció a aquella concurrida asamblea e intentó elevar el nivel de fe y las expectativas: «Subamos luego, y tomemos posesión de ella; porque más podremos nosotros que ellos» (Números 13:30 RVR1960). Sin embargo, el pueblo se apoyaba en su propio entendimiento; por lo que no podía descansar en Dios ni saber que Dios ya había garantizado la victoria. No confiaban en el futuro que Dios les deparaba; al contrario, el miedo y la ira que los embargaba iban en aumento. Entonces Josué se unió a Caleb y, juntos, dijeron:

La tierra que recorrimos y exploramos es increíblemente buena. Si el Señor se agrada de nosotros, nos hará entrar en ella. ¡Nos va a dar una tierra donde abundan la leche y la miel! Así que no se rebelen contra el Señor ni tengan miedo de la gente que habita en esa tierra. ¡Ya son pan comido! No tienen quién los proteja, porque el Señor está de parte nuestra. Así que, ¡no les tengan miedo!

—NÚMEROS 14:7-9

Es interesante notar que, a pesar de todos los milagros que Dios había realizado a favor de ellos, los israelitas creían que el pensamiento de Caleb y Josué era tan radical que lo vieron como una amenaza para su seguridad nacional. La gente los iba a apedrear hasta que el Señor mismo les diera una señal que mostrara que aprobaba su evaluación. Él confirmó que habían puesto su fe correctamente en la capacidad de ellos para guiar y proteger a su pueblo.

Pero como toda la comunidad hablaba de apedrearlos, la gloria del Señor se manifestó en la Tienda, frente a todos los israelitas.

—Números 14:10

¿Qué dice todo eso? ¿Es que acaso, adonde Dios nos guía, habrá de proveer? Aquellos que poseen un espíritu diferente como el de Caleb, Josué y Rut creen eso de todo corazón, por lo que están dispuestos a desarraigarse aun de sus propias vidas para perseguir al enemigo y conquistar su territorio en cualquier momento, si Dios les da la palabra. Aquellos que poseen un espíritu diferente no sienten obligación alguna con la multitud, ni siquiera ceden a sus propios apetitos. Y lo hacen porque han decidido seguir a Dios dondequiera que él los lleve. El resultado no es para que lo sepan en este momento. Lo que saben y en lo que confían es que Dios ya les ha asegurado un buen futuro. De lo que se trata todo el asunto es de seguirlo a él.

Orfa —la otra viuda yerna de Noemí— no tenía ese espíritu, ni tampoco el resto de los espías que fueron con Josué y Caleb, ni los cientos de miles de israelitas que estaban listos para apedrear a Caleb y a Josué después que ellos dieron su informe. Ese «espíritu diferente» está reservado para unos pocos elegidos que saben que Dios tiene el control —unos pocos que no tienen dudas, vacilaciones ni son indecisos— y que pueden confiar en la soberanía divina independientemente de la manera en que se vean las cosas en la naturaleza.

Noemí les dio un mal informe a Rut y a Orfa:

¡Vuelvan a su casa, hijas mías! —insistió Noemí—.
¿Para qué se van a ir conmigo? ¿Acaso voy a tener más
hijos que pudieran casarse con ustedes? ¡Vuelvan a su
casa, hijas mías! ¡Váyanse! Yo soy demasiado vieja para
volver a casarme. Aun si abrigara esa esperanza, y esta
misma noche me casara y llegara a tener hijos, ¿los
esperarían ustedes hasta que crecieran? ¿Y por ellos se
quedarían sin casarse? ¡No, hijas mías! Mi amargura
es mayor que la de ustedes; ¡la mano del Señor se ha
levantado contra mí!

—Rut 1:11-13

Todo eso que dijo Noemí es muy triste. Aquella suegra pre-
ocupada por sus jóvenes nueras viudas les presentó una clara
imagen de los peligros y riesgos de los que ellas —en ese momento— seguramente no querían ser víctimas. Lo más normal era
que las viudas que no tenían una familia que las mantuviera,
caían en la pobreza extrema. Algunas morían de hambre. Otras
se convertían en limosneras o hasta en prostitutas para evitar el
hambre. Había un alto nivel de vergüenza involucrado en todo
ese escenario. Esos eran los gigantes que enfrentaban las mujeres
del Medio Oriente en ese tiempo de la historia.

Al analizar toda esa realidad patente que se le exponía a su
consideración, Orfa decidió que volvería a su pueblo, pero Rut
se quedó. No se molestó. Ella ya había llegado a conocer la fidelidad del Dios de Noemí, por lo que reafirmó su compromiso:
«¡No insistas en que te abandone o en que me separe de ti! Porque iré adonde tú vayas» (Rut 1:16). Esta declaración puso fin a
cualquier otro intento por convencerla —por parte de Noemí—,
por lo que las dos mujeres no volvieron a discutir el tema.

Al igual que Caleb y Josué, Rut tenía la determinación de
seguir a Dios de manera sencilla y fiel. Ella tomó, al pie de
la letra, el antiguo dicho de la iglesia que reza: «Dios lo dijo.
Yo lo creo. Eso lo arregla todo». Para algunos seguidores de
Dios, esas son solo palabras. Para aquellos que tienen un espíritu diferente, esa frase tiene que ver con toda su existencia

con Dios. El final de la historia de Caleb, el de la historia de Josué y el de Rut en esa coyuntura son diferentes. El pueblo de Israel no tomó posesión de la tierra en aquel momento. De hecho, Dios pronunció juicio contra ellos por negarse a ir a esa tierra. Así que los condujo de regreso al desierto. Dios retuvo las bendiciones de la tierra prometida a toda una generación de personas que no tenían la fe suficiente para verla. Caleb y Josué fueron los únicos de esa generación que sobrevivieron al desierto y al fin tomaron posesión de la tierra. La gente eligió el desierto antes que la tierra prometida, su comodidad antes que la aventura. Es difícil creer que la falta de fe y el temor al futuro puedan hacer que hasta un desierto amenazador se sienta como un ambiente cómodo.

Rut, sin embargo, no tenía la carga de un pueblo que influyera en su decisión. Noemí fue la que la guio y la enseñó con el ejemplo, así que tan pronto como Rut dijo la palabra y estableció su lealtad, Noemí supo que no había nada más que hacer que dar inicio al viaje de vuelta a Belén. Y esa fue la manera como las dos mujeres llegaron a la tierra durante la temporada de cosecha: «Así fue como Noemí volvió de la tierra de Moab acompañada por su nuera, Rut la moabita. Cuando llegaron a Belén, comenzaba la cosecha de cebada» (Rut 1:22). En lo particular, veo eso como la bendición y la aprobación de Dios por el fiel seguimiento de su guía hacia un territorio nuevo y desconocido.

Oración que edifica la fe

Jesús, tú eres el autor y consumador de mi fe. Creo que has comenzado una buena obra en mí y me llevarás a mi destino sintiéndome satisfecha. Estoy completamente convencida de tus promesas en cuanto a mi vida. Mi fe no está puesta en la sabiduría de los hombres, sino en el poder tuyo, oh Dios. Soy una mujer de fe. Camino por fe, no por vista. Señor, tu Palabra dice que todo es posible para el que cree. Padre, creo que eres Dios y que

recompensas a aquellos que te buscan diligentemente.
Hazme ver mi vida a través de tus ojos, los ojos de la
fe. Señor, recibo el don de la fe con el fin de hacer cosas
milagrosas para tu gloria. Que cuando le hable a la mon-
taña, la montaña se mueva. Creo, además, que si puedo
ver lo invisible, puedo hacer lo imposible. He tomado
el camino de la fe. He guardado tus decisiones ante mí.
Elijo el camino de la fe. No permitiré que la duda y la
incredulidad perturben mi futuro. Soy justa y vivo por
fe. Déjame crecer en mi fe. Decreto que Cristo habita en
mi corazón por fe y que estoy arraigada y cimentada en
su amor.

Oración que rompe el apego a lo conocido, a lo rutinario

Padre, creo que mi rutina y mi comodidad son el ene-
migo de mi futuro. Te pido que me des el poder para salir
de mi zona de confort. Espíritu Santo de Dios, dame
valor para abandonar todo lugar de seguridad y control.
Líbrame de la inseguridad y el miedo que me mantiene
en un lugar seguro. Abandono todo lo que me detiene.
Dejo ir la intimidación y acepto el valor. Abandono la
pereza y acepto la diligencia. Dejo lo mediocre y acepto
la excelencia. Abandono los errores del pasado y acepto
las nuevas posibilidades. Dejo los malos hábitos y acepto
los nuevos.

Señor, te pido que me cambies. Que me enseñes a
olvidar las cosas que dejo atrás y avanzar hacia las que
están por delante. Dijiste en tu Palabra que si ponemos
nuestras manos en el arado y miramos hacia atrás, no
somos dignas de tu reino. Fijé mis ojos en ti, observán-
dote, Señor, como autor y consumador de mi fe. Decreto
que estoy progresando y avanzando al siguiente nivel de
mi destino. Destruyo el espíritu de apatía, complacencia
y pasividad. Decreto que soy una caminante que anda

sobre el agua. A donde tú me lleves, te seguiré. Dejaré de mirarme por el espejo retrovisor de la vida. Abrazaré las nuevas aventuras que tienes para mí en esta búsqueda para encontrar y cumplir mi destino.

Oración que insta a tener un espíritu diferente

En cambio, a mi siervo Caleb, que ha mostrado una actitud diferente y me ha sido fiel, le daré posesión de la tierra que exploró, y su descendencia la heredará.

—Números 14:24

Seguiré al Señor de todo corazón. Así como lo hizo Rut, dejaré todo para servir al Señor y abrazar sus caminos como también su pueblo. No permitiré que la raza, el estatus económico o cualquier otro factor social defina lo que soy. Tengo un espíritu diferente. Serviré a la generación anterior y dejaré un legado duradero para las generaciones que vienen. Soy una mujer de pacto. Escucharé la voz de Dios con claridad y seguiré su voz plenamente. No comprometeré las normas del reino. Olvido las cosas que dejo atrás y me acerco a las que están delante de mí. Soy una pionera. No temeré las cosas difíciles. No me limitarán las ciudades, los muros ni las vallas invisibles erigidas por la sociedad. Pensaré más allá de cualquier frontera. Llevaré una vida que glorifique al Señor y me haga recibir mi herencia. Decreto que soy una mujer distinguida. Llevo la marca de distinción. Me destaco entre la multitud. Llevo una vida apartada, separada y distinta al resto del mundo.

Capítulo 4

LLÁMENME MARA

Asegúrense de que nadie deje de alcanzar la gracia de Dios; de que ninguna raíz amarga brote y cause dificultades y corrompa a muchos.

—Hebreos 12:15

En el primer capítulo mencioné tres cosas de las que las mujeres debemos liberarnos si es que vamos a caminar en nuestro destino como las Rut de hoy en día: ira, miedo y amargura. Como hemos visto hasta ahora, Rut actuó con un espíritu diferente, un espíritu de valentía, determinación y fe inquebrantable en el futuro que Dios tenía para ella. Aunque había sufrido una gran pérdida, vemos que la amargura, la ira y el miedo no se encontraron en sus respuestas al mover de Dios en su vida. Sin embargo, el Señor nos permite ver la amargura manifestada y sanada a través de la experiencia de Noemí. Su insistencia progresiva en que llamaran Mara (Rut 1:20), que significa «amarga», a una persona que fue bendecida por el Señor (Rut 4:14-15) es un ejemplo de la manera en que el Señor redime y restaura nuestras pérdidas y nos devuelve lo que el enemigo nos ha robado.

Lo primero que debemos entender es que Elimélec sacó a su familia de Judá, la tierra prometida, el lugar que Dios había escogido para su pueblo, con el objeto de escapar de una hambruna. El hambre ocurrió como resultado del juicio de Dios contra el pueblo de Israel por romper el pacto con él y mezclarse con una nación idólatra. Sin embargo, Elimélec llevó a su familia directamente al lugar donde Dios no quería que viviera su pueblo. Elimélec tenía la mente puesta en hacer todo lo posible —en la esfera de lo natural— para salvar a su familia del desastre. Pero se olvidó de algo sumamente importante: no se puede dejar atrás el juicio de Dios.

Un asunto especial acerca de estar en Dios y someterse al proceso es que incluso cuando él está tratando con usted y reprendiéndola, todavía está bajo su autoridad y su protección divina. Huir de él, evadirlo o rebelarse contra él puede hacer que usted salga de su cobertura. Al tratar de salvar a su familia de la escasez de alimentos, Elimélec —en realidad— sacó a su familia del abrigo de Dios y la expuso al enemigo y a mayores pecados. Elimélec murió (la Biblia no dice cómo ni por qué) y sus hijos se casaron con mujeres moabitas. Eso era algo que Dios le prohibió a su pueblo: no debían casarse con mujeres que adoraran a otros dioses. Algunos eruditos creen que Elimélec estaba en rebelión y que sus acciones abrieron la puerta al espíritu de destrucción, lo que provocó su muerte y el matrimonio mixto de sus hijos así como también la eventual muerte de ambos. Contrario a lo que Elimélec esperaba que sus acciones produjeran, su familia salió de Moab con menos de lo que llegaron y menos aun de lo que tenían las personas que soportaron la hambruna mientras permanecían bajo el abrigo y la protección de Dios.

Por tanto, no es difícil ver de dónde provenía la amargura de Noemí. Como nos ocurre a algunas de nosotras con nuestros cónyuges, ella pudo haber sabido que las acciones de Elimélec estaban en contra de Dios. Puedo imaginarme a Noemí el día de la mudanza y todos los días previos, trabajando duro para brindar apoyo y, al mismo tiempo, consciente —probablemente— de que irse de su pueblo iba en contra de lo que Dios estableció. La jugada podría haber tenido buen aspecto, haber parecido buena, pero no era de Dios. De modo que ella pudo haber encontrado una manera de advertir gentilmente a Elimélec, pero conocía su posición como esposa y madre, y la función de él como esposo, padre, proveedor y protector.

Parte de la unción que viene sobre las mujeres en esta temporada tiene que ver con que sean prudentes en cuanto a lo que dicen; tiene que ver con que comprendan y lideren desde nuestras posiciones tanto en el reino como en nuestras familias. Según la costumbre judía, Noemí ocupaba una posición determinada en el orden familiar. Medite en el capítulo en el que hablé de lo que hacen las leonas con el fin de prepararse para la caza. Noemí fue fiel a su posición y guio a Rut desde ese lugar muy ingeniosamente, tanto que a pesar de lo complejo de sus circunstancias, su testimonio llevó a una mujer moabita ante el Señor Dios de Israel.

El siguiente movimiento a la derecha

Abrumada a causa del gran dolor por la pérdida tanto de su esposo como de sus dos hijos, las oportunidades de Noemí en una tierra extranjera fueron muy limitadas. En ese momento, en la cultura del Medio Oriente, una viuda pobre y anciana tenía muy pocas opciones para sobrevivir sin una familia que la apoyara. Tenía que pensar rápido en su supervivencia. ¿Cuál sería su próximo movimiento correcto?

Aun en situaciones de extrema dificultad, el Señor nos insta a tomar decisiones acertadas, las cuales —a menudo— en temporadas como esta son determinantes en cuanto al destino. La próxima decisión que tome puede llevarla a un largo desvío o podría dirigirla a la vía rápida para recoger la cosecha ordenada por Dios. Así como lo que hemos dicho de Rut, Noemí también eligió bien.

Noemí escuchó que el Señor había devuelto la abundancia a su pueblo, por lo que decidió hacer el viaje de noventa kilómetros para regresar a casa. Me imagino que a Noemí le pasaban muchos pensamientos por la cabeza en cuanto a esa decisión. Con tantas pérdidas a sus espaldas y lo que se revela a lo largo de la Biblia acerca del concepto que el pueblo de Dios tenía sobre la aflicción, Noemí debió haber sentido que su familia estaba siendo juzgada y corregida por Dios por haber abandonado la protección del pacto. Tal vez pensó que como la única representante viva de su linaje ahora tenía la responsabilidad de soportar la corrección de Dios y corregir las malas acciones de su esposo.

Oro para que usted pueda ver esto, amada. Noemí fue una típica madre de Israel. Provenía de una familia destacada e influyente; además, conocía bien los caminos del Señor. Vivía con su esposo y le servía con amor y amabilidad, de la misma manera que se enseñaba a las mujeres judías. Estaba llena de sabiduría y era una mujer consagrada a Dios. Estaba dispuesta a someterse de manera espontánea a cualquier corrección que el Señor tuviera para que aplicarle. Al optar por regresar a casa, lo que ella estaba diciendo en esencia era: «Señor, me arrepiento de la decisión colectiva de mi familia de huir de tu castigo. Humildemente me someto a ti y vuelvo a consagrarme a tus caminos y a tu pacto. Deseo estar bajo tu divina mano protectora. Anhelo recibir la porción que tienes para mí, nada más, nada menos».

Ella no estaba dispuesta a sentarse en Moab a conmiserarse consigo misma ni a consumirse compadeciéndose de ella. ¡No! Con toda la fuerza que pudo acumular —pese al nivel de dolor que estaba experimentando y que podría haberla hecho rendirse por completo— ella regresó a la tierra de la promesa y la provisión.

Ya no me llamo Noemí

Después de que una de sus nueras —Orfa— decidió regresar a su tierra y a su parentela, y la otra —cuya decisión de quedarse con ella era inquebrantable— acompañándola, Noemí hizo el viaje de noventa kilómetros a Belén en Judá. La ciudad se conmovió con su regreso, que es lo que me lleva a creer que su familia era de estirpe notable, influyente y quizás adinerada. Una persona de menor rango que regresara a la ciudad después de una larga ausencia no habría creado un revuelo como el que causó Noemí. La Biblia dice que la gente se sorprendió por el estado en el que se encontraba Noemí cuando entró a la ciudad: hecha jirones, destrozada, pobre y desolada. Esta no era la Noemí que conocían antes de la hambruna.

> Entonces las dos mujeres siguieron caminando hasta llegar a Belén. Apenas llegaron, hubo gran conmoción en todo el pueblo a causa de ellas. —¿No es esta Noemí? —se preguntaban las mujeres del pueblo. —Ya no me llamen Noemí[dulzura] —repuso ella—. Llámenme Mara [amarga] porque el Todopoderoso ha colmado mi vida de amargura. Me fui con las manos llenas [con esposo y dos hijos], pero el Señor me ha hecho volver sin nada. ¿Por qué me llaman Noemí si me ha afligido el Señor, si me ha hecho desdichada el Todopoderoso?
>
> —RUT 1:19-21

Aunque nuestras conclusiones habituales en cuanto a las declaraciones de Noemí en la última parte de este versículo nos han llevado a decir que Noemí simplemente estaba amargada con Dios y lo culpaba por su pérdida, quiero desafiar nuestro pensamiento aquí. Hay fortalezas ocultas tras la relación de Noemí con Dios y lo que ella entendía acerca de la intervención de la mano de él en su vida. ¿Cómo pudo haberse ganado el corazón de Rut si estaba abrumada por tal fragilidad e inmadurez en el espíritu? No creo que pudiera haberlo hecho. Creo que Noemí estaba muy angustiada, muy afligida y muy herida por la muerte de los hombres que amaba más profundamente. Pero cuando consideramos sus declaraciones en el contexto de lo que expresé anteriormente, vemos que Noemí reconoció que la mano poderosa de Dios tenía autoridad sobre su aflicción. Como madre israelita que era y una mujer de fe profunda y constante en la fidelidad de Dios, debió haber tenido algún nivel de paz y cierta seguridad en cuanto a que, dado que la mano del Señor la guiaba a través de la aflicción, iba a estar bien.

Eso nos pasa a todas. Podemos sentirnos desamparadas y aplastadas pero aun así tenemos una semilla de mostaza de fe —en algún lugar— clamando como Job: «He aquí, aunque él me matare, en él esperaré» (Job 13:15 RVR1960). Y, de acuerdo a la experiencia que tenemos con el Señor, sabemos que la voluntad de él no es herir ni causar un desastre en la vida de su gente. Nuestra madurez nos ayuda a ver el papel que debemos asumir ante las dificultades que enfrentamos; sabemos que hay un adversario que deambula como león rugiente, buscando a quien devorar, robando, matando y destruyendo (1 Pedro 5:8; Juan 10:10). Imputarle todo al Señor, tanto lo bueno como lo malo, era lo que la gente del Antiguo Testamento hacía cuando se refería a los acontecimientos normales de la vida. Todo era Dios o tenía que ver con él. Esa es la perspectiva desde la que habló Noemí. Sin embargo, con la revelación que tenemos hoy, sabemos que fueron las decisiones que tomó su esposo las que provocaron que la mano del enemigo se activara en sus vidas.

Las preguntas ahora son: ¿Cuántas de nosotras podemos reflexionar en el pasado y ver que esa no es la perspectiva que adoptamos cuando se trata de dificultades, heridas, pérdidas y decepciones vividas? ¿Cuántas de nosotras culpamos a Dios por lo que sucedió en nuestras vidas? ¿Podemos mirarnos a nosotras mismas con seriedad y ver los momentos o las situaciones en que la amargura nos ha hecho desviarnos de nuestro destino?

Cómo sanar las amargas aguas de Mara

La amargura es una fortaleza en la vida de muchas mujeres. Tenemos la propensión a guardar rencor contra Dios y los demás, y no nos damos cuenta de la manera en que eso nos impide ser todo lo que Dios quiere que seamos. Algunas de nosotras hemos pasado por innumerables pérdidas, traiciones y desafíos, y justificamos —hasta cierto punto— los sentimientos iniciales de dolor, rechazo, enojo y tristeza. Pero, ¿dónde estamos ahora? ¿Hemos perdonado? ¿Hemos permitido que el Señor sane nuestros corazones?

Noemí confesó francamente su amargura: «Ya no me llamen Noemí —repuso ella—. Llámenme Mara, porque el Todopoderoso ha colmado mi vida de amargura» (Rut 1:20), y fue sanada. ¿Qué necesita usted confesar para ser llevada a un lugar de liberación y sanidad? La Biblia dice: «Confiésense unos a otros sus pecados [sus pasos en falso, sus ofensas], y oren unos por otros, para que sean sanados» (Santiago 5:16). Noemí, como mujer madura en el Señor, hace que todas nosotras sepamos que: «Sí, el Señor está tratando conmigo en algunas cosas. Estoy en sus manos. Estoy quebrantada ahora, pero pronto seré sanada y restaurada».

Uno de los primeros lugares en la Biblia donde encontramos una palabra que significa «amargo», en realidad deletreada *marah* en este caso, es también el mismo lugar en el que vemos por primera vez a Dios como Jehová Rapha, cuya expresión significa «el Señor es nuestro Sanador». En Éxodo 15, los israelitas acababan de salir de la esclavitud en Egipto. Entonces vieron que la mano milagrosa del Señor los libraba de la mano del faraón y lo ahogaba en el mar. Habían estado caminando por el desierto durante tres días y no encontraron agua hasta que llegaron a un manantial, que se llamaba Mara. Pero el agua no era potable, era amarga. Consciente de que la gente moriría sin agua, Moisés oró; el Señor le mostró un árbol cercano y le dijo que lo arrojara al agua para hacerla dulce o potable.

La palabra *marah*, usada en Éxodo 15, significa «amargo, cambiar, ser desobediente, desobedecer, gravemente, incitar». También puede significar «amargar, rebelar, provocar».[1] Sin embargo, no queremos caminar en ira, desobediencia ni en rebelión, pero así es como evoluciona la amargura si no nos sanamos de ella.

En su libro *Inquebrantable*, mi apóstol y pastor John Eckhardt dijo: «Hay tantas formas diferentes en las que la vida puede darte una mano amarga. Tienes que cuidar tu corazón, porque de él fluyen los asuntos de la vida. No puedes permitir que tu corazón se vuelva amargo e implacable».[2] Luego, continúa diciendo lo siguiente:

Si usted permite que la falta de perdón y la amargura entren en su corazón, será vulnerable a la rebelión y no caminará en la bendición de Dios. Por eso es muy importante que nos protejamos de la falta de perdón, resentimiento, amargura, ira, odio, venganza, represalias y otras cosas similares a esas. No importa lo que le haya sucedido, cuando usted se libera de esas cosas y perdona a las personas, va a recibir liberación y —realmente— va a poder caminar con sanidad, salud, prosperidad, favor y la bendición de Dios.[3]

Eso habla directamente al corazón de las mujeres que buscan la unción de Rut. Hay un refrán que dice: «El infierno no arde más que una mujer despreciada», dicho que, en cierto modo, tiene mucho de verdad. ¡La mujer puede guardar rencor! Pero también puede ser destruida por ese mismo rencor, a tal punto que no pueda tener una vida de paz, bendición y propósito divino. Por tanto, ese no es el camino en el que debemos andar.

Con la salvación en Cristo viene el acceso ilimitado al poder sanador y liberador de Dios. No es necesario que nos regodeemos en emociones peligrosas como la ira, la amargura, la venganza y la agresión insensible. Esos comportamientos nos lastiman más a nosotras que a los que nos hieren, en primer lugar. Cuando usted se aferra a algo, esperando algún tipo de venganza o retribución, se queda atrapada en esa penosa temporada de dolor, lo cual minimiza su capacidad para avanzar a la próxima estación o nivel. Puede que esté ministrando, dirigiendo, actuar como madre y haciendo otras cosas, pero todo lo hace con cierto matiz de amargura. Permítame decirle algo, usted no experimentará la bendición ni la cosecha que espera si deja que la amargura la embargue.

Dios es su sanador, el que la sana a usted. Confiésele sus heridas, desilusiones y dolores a él. Cristo ya pagó el precio por todo. He escuchado gente que dice que el árbol que Moisés arrojó al agua representaba la cruz de Jesucristo. Jesús soportó hasta sus heridas emocionales para que usted pudiera liberarse de ellas. Noemí le hizo saber a todo el pueblo la amargura que estaba cargando. No sé si usted debería hacer eso, pero debe confesárselo a un líder superior de su iglesia, su mentor o un compañero de oración de confianza, para que pueda encontrar la curación. Y sepa esto: en medio de algunas de las pérdidas, heridas o decepciones más profundas, Dios todavía está resolviendo todas las cosas para el bien de usted. La historia de Noemí da testimonio de ello:

> ¡Alabado sea el Señor, que no te ha dejado hoy sin un redentor! [nieto, heredero] ¡Que llegue a tener renombre en Israel! Este niño renovará tu vida y te sustentará en la vejez, porque lo ha dado a luz tu nuera, que te ama y es para ti mejor que siete hijos.
>
> —Rut 4:14-15, 17

Lo que el Señor tiene para usted a continuación también puede verse así. Usted puede ser restaurada siete veces por las cosas que el enemigo le ha robado, y no tiene que tomar mucho tiempo. Su sumisión a Dios y al proceso divino la catapultará a la próxima temporada.

> Las aflicciones producirán grandes y sorprendentes cambios en poco tiempo. Que Dios, por su gracia, nos prepare para todos esos cambios, especialmente ¡para el gran cambio![4]

La bendición de la aflicción

Muchos creen que Dios es bueno aunque, para ellos, no lo es necesariamente. Creemos que Dios es real, pero no le permitimos que lo sea en nuestras vidas. A menudo dejamos que los contratiempos, las desgracias y los reveses se interpongan en el camino cuando tratamos de buscar, encontrar y recibir el amor y la misericordia de Dios para nuestras vidas. En vez de dejar que el Señor intervenga en esas situaciones, a menudo lo evadimos o lo dejamos fuera, no le permitimos que entre en nuestras vidas; además de que no aprovechamos las oportunidades que se nos presentan para conocerlo.

Con Noemí aprendemos que la mano de Dios está sobre nosotras, incluso en la mayor de las aflicciones. Pero cuando permitimos que la aflicción nos lleve a un punto en que nos humillemos y podamos aprender para crecer y pasar al siguiente nivel de gloria, podemos apreciar que esa aflicción no fue en vano. El *Comentario Bíblico de Matthew Henry* dice lo que sigue:

Aunque parezca extraño, a veces nos conviene que nuestro corazón sea humillado bajo los humillantes efectos providenciales. Cuando nuestra condición parezca derrumbarse, nuestro espíritu debería tomar las riendas de la situación. Entonces nuestros problemas serían resueltos en la misma manera en que los enfrentemos; porque no es la aflicción en sí misma, sino la aflicción justamente soportada, lo que nos hace bien.[5]

En la aflicción hay tanto poder como bendición. Romanos 5:3-5 dice: «Y no solo en esto, sino también en nuestros sufrimientos, porque sabemos que el sufrimiento produce perseverancia; la perseverancia, entereza de carácter; la entereza de carácter, esperanza. Y esta esperanza no nos defrauda, porque Dios ha derramado su amor en nuestro corazón por el Espíritu Santo que nos ha dado».

Oración que sana la amargura

Señor, te pido que crees en mí un corazón limpio y renueves un espíritu justo dentro de mí. Me arrepiento de toda amargura, ira y venganza. Perdono a los que me han causado dolor. Perdono a los que me han defraudado. Te libero, Señor, de todo lo que creo que me debes porque me sentí decepcionada o no entendí nada acerca de tu tiempo. Sé que eres fiel, que nunca fallas y que siempre estás conmigo. Me arrepiento por culparte de las cosas que incité a mi vida por desobediencia, ignorancia o rebelión. Me arrepiento por culparte de las cosas que el enemigo ha hecho para sabotear tu perfecta voluntad para mi vida.

Ahora mismo, en el nombre de Jesús, dejo todos los espíritus de represalia. Me libero de todo espíritu crítico y cínico que haya entrado en mi vida a causa de la amargura. Ya no beberé más de las amargas aguas de Mara, sino que confiaré en el Árbol de la Vida para convertir mi dolor en gozo. Opto por amar y creer en la bondad del Señor que trae arrepentimiento.

Señor, quita de mi vida el amargo sabor del dolor, la pérdida y el rechazo. Decido saborear y ver que eres bueno. Permite que tu bondad llene mi vida. En el nombre de Jesús, amén.

Capítulo 5

NACIDA DE LA ADVERSIDAD: EL DISEÑO DE DIOS PARA LAS CONEXIONES DE PACTO

En todo tiempo ama el amigo; para ayudar en la adversidad nació el hermano.

—PROVERBIOS 17:17

DIOS ES SOBERANO y ordena los momentos de nuestra vida. Nada es casual. Dios dirige a ciertas personas a nuestras vidas en momentos cruciales. Ellos son los que se mueven con nosotras hacia la próxima temporada, hacia la siguiente oportunidad de trabajo o hacia la próxima asignación en el rumbo a nuestro destino. No se suponía que anduviéramos solas en la vida, por lo que algunas de las relaciones más profundas y leales que tenemos las forjamos a partir de los momentos difíciles que pasamos junto a los demás. Dios es muy intencionado. Nada lo toma por sorpresa, por eso creo que él nos conecta con otras personas que entienden el tiempo de Dios y los mandatos para una temporada específica. Vemos eso en la relación que establecieron Rut y Noemí. La esencia de su vínculo se captura en las palabras de Proverbios 17:17. Como lo hizo con Noemí y Rut, Dios nos está ayudando a construir verdaderas relaciones de pacto para los días venideros.

Los amigos ordenados por Dios que se mantienen más unidos que un hermano nacieron para tiempos de adversidad.

Cuando miramos la asociación que Dios forjó entre estas dos mujeres, podemos ver que no habrían cumplido sus destinos por su propia cuenta, es decir, independientes de Dios de sí mismas. Ellas no solo dijeron: «Seamos amigas». Esas dos mujeres formaron un pacto de amistad que será el sello distintivo de las Rut de nuestros días para este tiempo. Para comprender esto mejor, voy a mostrar los elementos de la amistad de pacto.

Destruya el mito de que «las mujeres no pueden ser amigas»

Todas hemos dicho u oído a alguna chica decir: «Ah, no me llevo bien con otras mujeres» o «Mis amistades, por lo general, son varones porque la mayoría de las mujeres son demasiado dramáticas». Decimos que basta con aceptarlas como son. Además, los programas de telerrealidad como la serie Real Housewives [Las amas de casa reales] respaldan aún más la idea de que las mujeres no pueden tener amistades sinceras, leales y agradables entre ellas. En nuestra sociedad puede haber traición, discordia, confusión y competencia entre mujeres. Pero ese no es el plan de Dios para sus hijas. Es la obra del enemigo, que usará cualquier medio posible para evitar que estemos unidas para alcanzar nuestro propósito piadoso. Todas sabemos que eso es cierto: cuando hay unidad, la compañía femenina es una de las fuerzas más fuertes del mundo. Cuando quiero hacer un trabajo, cuando quiero ser elevada y animada, cuando necesito una oración o una intercesión poderosa, cuando necesito batallar por mi familia, sé que mis hermanas me respaldan. Las mujeres seguras, maduras y piadosas tienen la capacidad de luchar contra lo que ningún enemigo en la tierra quiere enfrentarse. La Biblia enseña que una puede perseguir a mil y dos pueden hacer huir a diez mil (Deuteronomio 32:30).

La unción de Rut constituye un ataque directo y dirigido contra la creencia de que las mujeres no pueden forjar amistades duraderas. En esencia, la unción de Rut se manifiesta en las relaciones mostrando lealtad, perseverancia, generosidad, compasión y humildad. Las mujeres que abrazan la unción de Rut aportan un espíritu pionero a sus amistades, uno que ayuda a aquellas con quienes se asocian a soportar las dificultades y forjar nuevos caminos en pro de la abundancia y la prosperidad. Con esta unción viene la habilidad de encontrar esperanza durante la tragedia a través de la devoción a Dios. Las Rut de hoy en día tienen un espíritu de generosidad que sustenta la esperanza aun en la tragedia más devastadora. Ellas tienen un don especial para animar a otras con su ejemplo y su compasión. Su capacidad para vencer constantemente las tentaciones es contagiosa.

Las Rut de nuestros días dan no solo lo que es valioso y adecuado para la relación, sino que también buscan hacer lo que es honorable. Tienen actitudes desinteresadas que hacen que ambas personas en sus relaciones derramen afirmación, aliento y palabras de grandeza. Aun cuando el egoísmo perturba las amistades, la unción de Rut rápidamente hace que las mujeres promuevan a la otra persona antes que a sí mismas. Las Rut son conscientes de la necesidad de proteger constantemente sus relaciones, por lo que siempre muestran su fidelidad a través de sus palabras, actitudes y acciones. Defienden y protegen los intereses de quienes pactan con ellas. La rivalidad, el egoísmo y el antagonismo que a veces se asocian con las mujeres no aparecen en las relaciones de pacto. El principal modo de funcionamiento de las Rut de hoy en día se basa en el sacrificio propio por el bien de los demás.

Con su clásico estilo decidido, las Rut de este tiempo tienen una devoción a Dios que les da poder para soportar fielmente las temporadas de amistad. Hay ocasiones en las que el fuerte debe soportar los agotamientos del débil. Rut no se detuvo a pensarlo dos veces; sabía que tenía que ir con Noemí a Belén y hacer lo que fuera necesario para ayudar a su suegra a sobrevivir. Noemí era una mujer mayor que no podía trabajar y necesitaba una familia que la mantuviera. Rut se comprometió a ser esa familia que tanto necesitaba Noemí. En Gálatas 6:2

leemos: «Ayúdense unos a otros a llevar sus cargas, y así cumplirán la ley de Cristo [es decir, la ley del amor cristiano]». Por otra parte, el apóstol Pablo dice en Romanos 15:1-2 lo siguiente: «Los fuertes en la fe [en nuestras convicciones] debemos [con paciencia] apoyar a los débiles, en vez de hacer lo que nos agrada. Cada uno debe agradar al prójimo para su bien, con el fin de edificarlo».

Estos versículos son la columna vertebral de la conducta de las Rut de nuestros días en cuanto a las amistades. Para ellas, estar en relación con otros no es una coincidencia ni una conexión casual. Las amistades son pocas para las mujeres con la unción de Rut, pero las pocas que tienen son poderosas y estratégicas. Son pactos.

Rut y el pacto de lealtad

La *lealtad* se puede definir como «un sentimiento de devoción, deber o apego a alguien o algo», o ser «firme y no cambiar en su amistad o apoyo a una persona u organización, o en su creencia en sus principios».[1] La lealtad tiene que ver con un compromiso inquebrantable con otra persona. Si usted es leal a alguien, básicamente está haciendo las dos declaraciones siguientes:

1. Mi lealtad te da mi firmeza. Estoy aquí para bien o para mal. No me voy; estás atrapada conmigo.
2. Mi lealtad te da mi amor. No hago esto por obligación sino por un compromiso de amor contigo.

El compromiso de lealtad es muy parecido a un pacto o convenio. Definido como «un acuerdo generalmente formal, solemne y vinculante ... una promesa dentro de un contrato para la ejecución o no implementación de un acto en particular»,[2] el pacto es la base de la relación de la humanidad con Dios. Toda la estructura de nuestro caminar con Dios se basa en un pacto. Al incorporarnos a la familia de Dios, entramos

en el pacto abrahámico establecido en Génesis 12:1-3, cuando
Dios confió su lealtad soberana a Abraham y a su descendencia, en la cual somos injertados por la salvación a través de
Jesucristo (Romanos 11:17). Las cláusulas del convenio —tanto
las bendiciones cuando se honra el convenio como las maldiciones cuando se viola— se enumeran en Deuteronomio 7. Vio-
lamos su convenio al desobedecer y rechazarlo como Señor de
nuestras vidas. Dios siempre es fiel a la parte del pacto que le
corresponde. Él nunca vacila en su lealtad a su pueblo. Nuestra
fidelidad, por otro lado, es cuestionable. ¡Pero gracias a Dios
por la liberación, la gracia y la misericordia que nos extiende!

El pacto, por tanto, demanda la lealtad de ambas partes
con el fin de garantizar que la relación perdure y se mantenga sana. El pacto en sí consta de una serie de palabras que se
pronuncian para definir la naturaleza de la relación y los principios de compromiso con ella. Cuando el pacto sienta la base
de las relaciones, la posibilidad de mantener la permanencia y
la estabilidad aumenta de manera enorme. Cuando usted esté
alineada con el pacto de Dios, experimentará paz, protección,
prosperidad y favor. Experimentará estabilidad en su vida y
en su relación con el Creador. Al remontarse a la historia del
pueblo de Israel, encontrará que ellos vivieron una gran inestabilidad, enfermedades, ataques por parte de los enemigos y
muchas cosas más debido a que no mantuvieron la parte del
acuerdo del pacto que les correspondía. Sin embargo, Dios en
su gran amor siempre los rescató y los restauró a la posición
que debían tener con él.

La relación entre Rut y Noemí refleja igualmente el amor
fiel de Dios ofrecido a Israel y a nosotras en el don del pacto.
Rut, apoyada en el llamado de su destino y viendo la necesidad
que Noemí tenía de una familia, fue la iniciadora de ese pacto.

Siete declaraciones del pacto de Rut

Rut 1:16-17 contiene una de las afirmaciones de compromiso y
lealtad más poderosas que hay en la Biblia. Es el manifesto de

las mujeres que actúan con un espíritu como el de Rut. Dentro de estas siete declaraciones hay poderosas demostraciones de decisión mezcladas con determinación. Estas afirmaciones representan un tratado o pacto de devoción. Sus declaraciones muestran una fuerte determinación infundida con el amor de pacto. Nos dan una idea de lo que es la pasión de una mujer que dio todo para expresar su compasión y su lealtad. Veamos las siete declaraciones en Rut 1:16-17, una por una.

1. «Iré adonde tú vayas» representa la voluntad de seguir adelante.
2. «Viviré donde tú vivas» indica la disposición a mudarse y cambiar de entorno familiar.
3. «Tu pueblo será mi pueblo» marca una redefinición de identidad (es decir, un cambio de nombre y de naturaleza). Ella renunció a sus raíces moabitas por las que practicaba una adoración falsa para poder adorar al Dios vivo y verdadero.
4. «Tu Dios será mi Dios» establece las bases para aceptar la salvación y la redención.
5. «Moriré donde tú mueras» significa un compromiso inquebrantable con la familia.
6. «Y allí seré sepultada» indica el conocimiento de que nada es más definitivo y cabal como la tumba. Al igual que Ester, que dijo: «Si perezco, que perezca», Rut entregó su vida al servicio de Dios y de su pueblo.
7. «¡Que me castigue el Señor con toda severidad si me separa de ti algo que no sea la muerte!» trasmite una comprensión íntima del temor del Señor.

Estas palabras vivirán y respirarán en todo lo que hagan las Rut de hoy. Usted las conocerá por sus frutos, por sus acciones, porque no se hablará mucho después de que se hayan comprometido. Las mujeres con una unción similar a la de Rut tendrán un corazón humilde y abnegado. Comprometidas con el mejor interés y el bienestar de los demás, siempre estarán decididas a usar sus dones y talentos para servirles. Y en tanto estén comprometidas con los demás, serán aún más consagradas al Señor.

La historia de Rut y Noemí muestra el poder del compromiso mutuo entre dos mujeres. Cuando optamos por establecer un pacto de amistad, nos entregamos a amar —de manera incondicional— a la otra persona a tal punto que desarrollamos una relación que da fe de la fidelidad y bondad de Dios.

Nuestra sociedad promueve el atractivo y el éxito de las mujeres que se interesan en sí mismas, mujeres que no se preocupan por las necesidades de los demás; pero creo que las mujeres cristianas deberían romper ese molde. Debemos predicar con el ejemplo. Hay una generación de mujeres que han de personificar lo que significa ser amiga. La sociedad está llena de mujeres que anhelan la verdadera amistad, las relaciones buenas, y podemos atraerlas si nos sometemos a la forma en que la Biblia define y describe la *amistad*.

Más confiable es el amigo que hiere [que corrige por amor y preocupación] que el enemigo que besa [porque sirven a su agenda oculta].

—Proverbios 27:6

Y este es mi mandamiento: que se amen los unos a los otros, como yo los he amado. Nadie tiene amor más grande [ni compromiso más fuerte] que el dar la vida por sus amigos.

—Juan 15:12-13

Sobre todo, ámense los unos a los otros profundamente, porque el amor cubre multitud de pecados. Practiquen la hospitalidad entre ustedes sin quejarse. Cada uno ponga al servicio de los demás el don que haya recibido, administrando fielmente la gracia de Dios en sus diversas formas.

—1 Pedro 4:8-10

He observado que cuando participamos en relaciones de pacto, eso nos afecta sobrenaturalmente. Nuestras relaciones nos cambian. Podemos entablar relaciones que pueden transformarnos para bien o para mal. La Biblia nos dice: «El hierro se afila con el hierro, y el hombre [influye] en el trato con el hombre» (Proverbios 27:17). Pienso que el Señor usó a Rut con el objeto de que influyera en Noemí para que tuviera esperanza y volviera a creer. Creo que la relación de pacto que establecieron permitió que el amor floreciera nuevamente en el corazón de Noemí después de una pérdida tan grande. Muchas veces el Señor usará personas y relaciones de pacto para que volvamos a nuestro primer amor, nos llenemos de esperanza para el futuro y así ayudarnos a sentirnos vivas de nuevo.

Destinada a ser una amiga de pacto

No fue sino hasta que estudié el nombre de Rut que vi cómo Dios le infundió propósito a su vida desde la fundación de la tierra. Rut estaba destinada a ser una amiga de pacto. Su nombre significa «amistad». Es probable que provenga de una raíz que significa «amigo», «vecino» o «compañero».[3]

Nuestros destinos también se establecieron en el momento de la fundación de la tierra. Y aunque los nombres que nos dieron nuestros padres puede que no signifiquen «amiga», Dios todavía nos ordena amar a los demás como él nos ama. Manifestamos que tenemos el corazón de una amiga de pacto cuando acompañamos a otros en medio de la adversidad que enfrentan, siendo leales a ellos y cuando tenemos en cuenta los mejores intereses de ellos. Las personas no siempre son fáciles de amar, por lo que no podemos pensar que el amor por los demás se ha de acumular dentro de nosotras. Es, sencillamente, el amor de Dios el que «ha [sido] derramado ... en nuestro corazón por el Espíritu Santo» (Romanos 5:5). El nivel de compromiso y lealtad que las Rut de hoy en día expresan en su humilde servicio a los demás es algo sobrenatural. Nuestro compromiso de ver a otros restaurados a sus propósitos y destinos hará que caminemos directamente hacia los nuestros. Amor engendra amor. Favor engendra favor.

El poder de las asociaciones de pacto

Hay cierta empatía cuando los verdaderos amigos trabajan de manera mancomunada. Hay cosas que uno sabe que la otra persona necesita sin que esta se lo comunique. Uno puede tener la libertad de dirigir a una amiga a una tarea, recurso o solución, consciente de que la persona entiende que usted lo hace de corazón, porque siempre tiene presente su mejor interés por ella. Uno puede buscar libremente una verdadera amistad cuando necesita ayuda u orientación, si está dispuesta a recibir su sabiduría.

Una vez en Belén, declarada la lealtad entre ambas, Rut y Noemí actuaron en un entorno similar. Las dos mujeres se dedicaron a la tarea de satisfacer sus necesidades básicas e idear un plan para rescatar la herencia de Elimélec. Cada una tenía una función que desempeñar, por lo que si no permanecían en sus posiciones, todo el plan podría haberse desmoronado.

Siempre que el Señor quiere que se cumpla una tarea, crea asociaciones y equipos. Hay un refrán que dice: «Todos juntos logramos más», el cual debemos adoptar como nuestro. Creo que este es el tiempo señalado para que las mujeres se conviertan en miembros de pacto que establece equipos estratégicos cuyo fin es recuperar el territorio para el reino de Dios. En *La unción de Débora*, señalo cuatro claves para un trabajo en equipo que sea eficaz:

1. Honor: esto se refiere a mostrar respeto por las posiciones, la autoridad, los dones y los llamamientos de los miembros del equipo.
2. Propósito: esto tiene que ver con el conocimiento de los miembros del equipo en cuanto al «punto en cuestión», la razón específica por la que estamos en esto.

3. Medida de autoridad: esto es acerca de los miembros del equipo que no pasan los límites de su autoridad.

4. Diversidad de dones y administraciones: se refiere al sometimiento y la alineación con el orden establecido.[4]

Al examinar el movimiento de Rut y Noemí como un equipo unificado, vemos que todos esos factores estaban arraigados firmemente en su lugar. La posición de Noemí era la de una mujer mayor, con mucha más experiencia y —por ende— más sabia, una que conocía las costumbres de la cultura y que servía como un símbolo del Espíritu Santo. Rut, por otra parte, era una mujer más joven y —además— extranjera; conocía su posición, recibió la sabiduría de Noemí acerca de la cultura y confió en su instrucción en cuanto a lo que se refería a asegurar su provisión y los derechos sobre la tierra que pertenecía a su familia.

Conocer nuestra posición es importante y tiene que ver con nuestra victoria en muchas áreas. Como mujeres de Dios, somos peligrosas para el diablo si conocemos —verdaderamente— nuestras posiciones. Por lo tanto, desafío a las mujeres en todas partes a que encuentren su lugar y estén seguras en él. Hermana, haga lo que le han llamado a hacer y hágalo bien.

Ciertas personas son llamadas a estar a la vanguardia. Otras no tienen ese llamado. Unas estarán en determinado lado para apoyar. Otras estarán en segundo plano. Pero lo importante es que necesitamos sentirnos cómodas con nuestros llamamientos. Ya le he hablado del significado de encontrar al Dios de su llamado y ahora mismo lo repito. Encontrarse con el Dios de su llamado y recibir de él una visita en torno a su propósito, le dará permiso para ser usted misma. ¿Cuántos sombreros usa usted? Le doy permiso para que se quite algunos de ellos. Para que usted obtenga la máxima productividad, tiene que estar únicamente en la posición en la que Dios la llamó.

Oraciones por las relaciones de pacto

Señor, te pido que me conviertas en una amiga de pacto. Creo que una puede perseguir a mil y dos pueden hacer huir a diez mil. En las amistades de pacto hay un poder exponencial con el que se logra más en la extensión del reino. Señor, relacióname con mujeres con las que pueda estar de acuerdo en la fe. Creo que hay poder en el pacto. El pacto y la unidad atraen tu presencia. Te pido que me traigas conexiones y amistades divinas. Creo que dos son mejores que una. Desecho todo espíritu que me lleve a intentar hacer las cosas por mi cuenta. Relacióname con mujeres leales, mujeres que me amen por lo que soy y no por lo que pueda darles. Señor, tu Palabra dice que no hay mayor amor que el que una entregue su vida por sus amigos. Te pido que me conviertas en una amiga desinteresada. Enséñame a servir a los demás y a anteponer las necesidades de esas personas a las mías.

৵

Señor, revela una nueva expresión de trabajo en equipo entre las mujeres. Que las mujeres comprendan que juntas podemos lograr más para tu gloria. Destruyo todo espíritu de discordia y confusión entre las mujeres. Nos levantaremos y declararemos las cosas que podemos hacer juntas. Estos son los días en que cada mujer encontrará su posición, su rango y su columna en el ejército del Señor, sin empujar ni competir, sino apoyando y animando a nuestras hermanas en sus destinos.

Capítulo 6

ROMPE BARRERAS

Pero nosotros no somos de los que se vuelven atrás y acaban por perderse, sino de los que tienen fe y preservan su vida.
—Hebreos 10:39

En la introducción de este libro identificamos el espíritu pionero como uno de los rasgos clave de la unción de Rut. Pionera es «una persona o grupo que origina o ayuda a abrir una nueva línea de pensamiento o actividad o un nuevo método o desarrollo técnico; una de las primeras personas en establecerse en un territorio».[1] A través de su acción decisiva y resuelta, Rut originó y abrió un nuevo método y una línea de pensamiento novedosa en cuanto a lo que significaba ser nuera y tener un pacto de amistad con otra mujer. Este concepto es algo que el enemigo usa en contra de las mujeres. Nos susurra que no podemos llevarnos bien, que otras mujeres compiten con nosotras o que otras esperan lo peor para nosotras. En vez de ceder a esas ideas, las Rut de hoy no deben olvidar que no estamos luchando contra carne y sangre; al contrario, deben recordar quién es el verdadero enemigo de nuestras almas. El diablo sabe que si nos unimos, podemos poner el mundo patas arriba. Las Rut de esta época conocen el valor de la unidad, por lo que superarán y romperán todas las barreras que surjan para lograr esa unidad.

Como señala la definición anterior, las pioneras tipo Rut serán las primeras en conquistar y establecer nuevos territorios.

Territorios que pueden ser espirituales, físicos, emocionales, culturales o relacionales. Por la esencia misma de su naturaleza exclusiva, las Rut de hoy rompen las barreras que se les interponen, allanando así el camino al destino que Dios ha ordenado para ellas. Barrera es cualquier cosa que perturbe, bloquee o trate de impedir que una llegue al lugar al que se dirige. El diccionario define esa palabra como «algo material que bloquea o tiene la intención de bloquear el paso a alguien o algo; una formación o estructura natural que impide o dificulta el movimiento o la acción; algo inmaterial que impide o separa».[2] Las barreras materiales como una pared física, una puerta cerrada o una barricada en la carretera son muy fáciles de ver y, por lo tanto, se derriban, pasan o atraviesan. Pero las barreras inmateriales son las que nos mantienen encerradas y estancadas en nuestro lugar; barreras mentales y emocionales como el miedo, la falta de perdón, la duda y creencias limitantes como la pobreza y la mentalidad de víctima. En la historia de Rut, las barreras inmateriales se revelaron cuando ella superó los límites y las restricciones —nacionales y étnicas, familiares, de género, de clase, económicas, religiosas y geográficas— para llegar al lugar prometido en Dios. Rut nos da un gran ejemplo a seguir en nuestra búsqueda por superar obstáculos similares.

Cómo romper las barreras nacionales, étnicas o raciales

En el momento en que la Biblia retoma la historia de Rut, de inmediato llegamos a comprender que ella estaba en transición entre su antigua vida en Moab y una nueva vida en Belén, Judá. También podemos ver a través de lo que ella dice —«Tu pueblo será mi pueblo, y tu Dios será mi Dios. Moriré donde tú mueras, y allí seré sepultada» (Rut 1:16-17)—, que Rut comprendió lo que significaba dejar su tierra y su parentela —así como también a sus amistades— para unirse a otra gente que no conocía. Ella era una simple inmigrante. Su nacionalidad era diferente de la de aquellos a los que se iba a unir. Las costumbres sociales de ella eran diferentes. Se vestía de manera distinta. Hablaba otro idioma. Era de una etnia desigual e incluso puede haber sido de una raza y color de piel diferentes. Ella era como muchos de los millones de personas que emigran a otras naciones en busca de oportunidades y una vida nueva. Algunos, como Rut, planean deshacerse de la ciudadanía de su antigua patria para adoptar una nueva ciudadanía en la nación que ahora habitan. Y al igual que los inmigrantes modernos, Rut puede haber sentido en carne propia la discriminación social, étnica o racial, puede haber sido víctima de diversos estereotipos o juicios solo porque era diferente.

Moab e Israel tenían una larga historia como vecinos territoriales. Unas veces estaban en guerra; otras, estaban en paz. Moab era una nación adoradora de ídolos que llevaba el nombre del hijo de Lot y su hija mayor.[3] Eran el tipo de pueblo con el que Dios le prohibió a Israel que se mezclara a causa de su pacto con ellos. (Ver Deuteronomio 7.)

Así que ahora leemos que Rut hizo una declaración para dejar atrás todos los años de rechazo, exclusión, segregación y juicio que pudo haber experimentado como resultado de ser ciudadana de una nación con la que Israel no podía interactuar; tras dicha afirmación la moabita decidió unirse a ellos. Esa fue una jugada audaz. Rut no solo decidió dejar a un lado cualquier prejuicio o parcialidad que pudiera haber tenido, sino que además se mudó a una nueva tierra consciente de que los israelitas podrían no hacer lo mismo por ella.

En su condición de extranjera, Rut llegó a Belén como una pobre y desempleada viuda desamparada. Tuvo que encontrar trabajo y provisiones de inmediato para ella y su suegra. Eso no pudo haber sido fácil. ¿Se imagina usted la apariencia que tenía mientras se movilizaba por la ciudad con sus ropas y joyas moabitas, su cabello y su maquillaje moabitas y sus costumbres moabitas? ¿Puede usted oír los susurros y ver las miradas de la gente del pueblo? ¿Agarraban las madres a sus hijos y los resguardaban cuando Rut pasaba cerca de ellos? ¿Alguna mujer se aseguró la correa de su bolso cuando Rut la miró?

Si usted es parte de una minoría o un grupo marginado en su comunidad, tal vez esos escenarios le sean familiares. Pero tal como es característico de las Rut de hoy, nuestra antigua modelo se propuso hacer lo que tenía que hacer y no retrocedió. Aunque era forastera en una tierra extranjera, Rut rompió audaz e inquebrantablemente las barreras y limitaciones que la sociedad judía le imponía. Se comprometió con su nuevo Dios y se puso a trabajar haciendo todo lo que estaba a su alcance. Rut no tenía ninguna pretensión alusiva a sus derechos humanos ni esperaba un trato justo o equitativo; no esperó que alguien se compadeciera de su condición o le diera limosnas. Debido a su diligencia, su fidelidad y su bondad con su suegra, llamó la atención de un hombre rico, el mismo que le concedió su favor. En poco tiempo, pasó de ser una sencilla espigadora en un campo a dueña del mismo.

Amadas, Dios está acelerando nuestra temporada de promoción. Si trabajamos diligentemente, no pasará mucho tiempo antes de que recibamos el favor de Dios sobre todo lo que ponga por hacer en nuestras manos. Favor es cuando alguien usa una posición de influencia para bendecir a otra persona. No seremos limitadas por raza, etnia ni nacionalidad porque asumiremos una nueva identidad de reino. No seremos etnocéntricas; seremos cristocéntricas, centradas en Cristo.

A Rut no le importaba lo que iba a enfrentar. Lo que ella dijo —«Tu pueblo será mi pueblo»— fue la clave de todo. Aun cuando estaba segura de lo que era —diferente y única entre el pueblo de Israel—, estaba decidida a trabajar y asimilarse a la cultura que la acogió. Ella no llegó pensando que era superior o inferior a cualquiera de los habitantes del pueblo de Israel. En esencia, lo que Rut le dijo a Noemí fue: «Me haré un lugar entre tu gente». A ella no le importaba qué diferencias culturales existían. Dios hizo concesiones especiales para personas como Rut, personas que se comprometieron a adorarlo y servirle solo a él. Dios hizo espacio en su pacto, y en su linaje familiar, para ella. Ella no era israelita de nacimiento, pero se convirtió en una de espíritu.

Las Rut de hoy llevarán en ellas una distinción, un factor característico, que las diferencia de todos los que las rodean. Se vestirán de manera diferente, se verán de manera distinta, hablarán de otra manera y tendrán un nivel de confianza específico que hará que se destaquen y que sus dones sean vistos por los grandes hombres. Dios está instando a las Rut de la actualidad a ser pioneras en promover la armonía racial en la tierra. Dios está derramando valor en las mujeres con el fin de que crucen cualquier barrera de color percibida y encontrar modalidades estratégicas de promover la curación y la unidad entre las razas. Eso comienza con examinarnos a nosotras mismas, nuestras convicciones, las cosas que nos definen y la verdad que defendemos. Debemos hacer de la Palabra de Dios la autoridad final en nuestras vidas, no nuestros sentimientos, no lo que nuestros padres puedan habernos enseñado, sino lo que ordena la Escritura. El evangelio nos insta a buscar la armonía racial. Debemos superar las barreras raciales, tanto internas como externas. Debemos pedirle al Espíritu Santo que nos dé formas prácticas en las que podamos amar y servir a la diversidad de vecinos que nos rodean mientras buscamos la unidad racial a través del evangelio. El Espíritu Santo nos dará el valor para promover y liderar iniciativas de oración que se centren en la unidad racial con el fin de traer sanidad integral en estos tiempos de división y tensión racial. Al hacer estas cosas, ofreceremos fervientes oraciones para que Dios unifique a todas las personas en Cristo y elimine los prejuicios a través de la verdad del evangelio. Debemos orar para que Dios nos conceda sabiduría y valor de manera que seamos instrumentos para la sanación racial. Creo que nada es imposible para nuestro Dios.

Cómo romper las barreras religiosas

Rut era originaria de una nación absolutamente idólatra. La deidad nacional de los moabitas era Quemós, que también era dios de los amonitas. Aunque Israel, a fin de cuentas, terminó adorando a Quemós durante el reinado de Salomón, Rut (la tatarabuela de Salomón) habría sido menospreciada por lo que los israelitas sabían en cuanto a las prácticas religiosas de su pueblo.[4] El Señor Jehová de los ejércitos dejó en claro que los israelitas no debían tener nada que ver con adoradores de ídolos. (Ver Deuteronomio 7). Cualquier israelita legalista le habría hecho pasar un mal rato a Rut. Pero ella dio a conocer, tanto a Noemí como a todos los que pudieran haber preguntado, que el Dios de Noemí era su Dios. Además, Rut puso manos a la obra para demostrar que esa era su nueva verdad. Al permitir que sus acciones hablaran más fuerte que sus palabras, Rut comprobó su compromiso con los parientes de Noemí, que la abrigaron y protegieron. Ella es un verdadero ejemplo de arrepentimiento y salvación, tanto es así que fue aceptada como digna de casarse con uno de los ancianos de la comunidad. Las Rut de hoy en día no permiten que los paradigmas religiosos les impidan hacer todo lo que el Señor les ha llamado a hacer en el reino.

Cómo romper las barreras familiares y generacionales

Al haber nacido en un pueblo con el que Israel no deseaba relacionarse en nada, Rut pudo haber crecido con todo tipo de pensamientos limitantes. Desde la perspectiva de la nación israelita, la moabita Rut nació en el lugar equivocado de la geografía. Ella era parte de un pueblo que debía ser rechazado, descalificado y excluido de todo lo que Israel estaba haciendo. De modo que, cuando Elimélec y su familia —con dos hijos solteros— llegaron a la ciudad y uno de estos mostró interés en ella, es posible que Rut se preguntara qué pensaría la gente al respecto. Quizás estaba cansada de ser discriminada y marginada a cierto lugar entre las dos naciones. Como mencioné en un capítulo anterior, Elimélec era el jefe de una familia judía acomodada. Fue un líder en Belén. Pero entonces murió el esposo de Rut. ¿Puede imaginarse el dolor que sintió ella? Fue más que perder a un marido; tal vez también estaba perdiendo el estatus social deseado durante mucho tiempo y, por supuesto, la seguridad para su futuro. Rut cayó de una posición prominente —como esposa de una familia rica y venerada— a estar en el último peldaño de la sociedad como una viuda sin un centavo. Su familia y otras personas en la ciudad deben haberla atormentado con diversas versiones de «Te lo dije» o «Te dije que esa vida nunca fue para nosotras» o «Nunca te verán como una de ellos».

Los pensamientos limitantes como esos crean ataduras mentales y espirituales en nuestras mentes que nos llevan a creer lo peor de nosotras mismas. Incluso comenzamos a hablar sobre nosotras mismas lo que hemos escuchado decir a nuestra familia y empezamos a comportarnos como si todo eso fuera cierto. Eso es parte del ciclo de maldiciones generacionales. Creo que la declaración de la moabita en Rut 1:16-17 fue la que rompió la esclavitud de todas las mentiras generacionales que ella había llegado a creer. Fue el momento en que dijo: «Ya es suficiente». La decisión y la resolución pueden ser el comienzo de un gran avance. En el momento en que decimos: «¡Hasta aquí!», las cadenas comienzan a caer.

Rut dijo: «¡No insistas en que te abandone o en que me separe de ti!» (Rut 1:16). En otras palabras: «Madre Noemí, no me cuentes esa triste historia una vez más. No me convencerás de que me dé la vuelta y regrese. No tengo nada por lo cual volver. Estoy avanzando contigo y tu Dios. Con el debido respeto, finalicemos esta discusión».

Rut vio algo más grande para ella en el horizonte. La vida restringida y la gente limitada que había conocido en Moab no iban a determinar la oportunidad que se le presentaba de extender la vida que tenía por delante. Su decisión de seguir avante rompió generaciones de maldiciones que habían estado luchando por su destino. Puedo imaginarme a Rut pensando: «Hoy no, diablo. ¡Ya no robarás, matarás ni destruirás lo que es mío!».

La unción de Rut no la detiene nada que no sea el propio Dios. Ni maldiciones, ni razas, ni etnias, ni géneros, nada nos impedirá vivir en la plenitud de nuestro llamado y nuestro destino.

Cómo romper las barreras económicas y sociales

Las investigaciones muestran que las mujeres sufren tasas de pobreza más altas que los hombres. Según los datos de la Oficina del Censo de Estados Unidos, publicados en 2015, el promedio de pobreza de las mujeres es sustancialmente más alto que el de los hombres. La tasa de pobreza general es 3.8 puntos porcentuales más alta para las mujeres que para los hombres, y la diferencia en la tasa de pobreza entre las mayores de sesenta y cinco años es aún mayor, con casi una de cada cinco mujeres que tienen más de sesenta y cinco años y viven solas en la pobreza.[5] Vemos esto mismo en el Libro de Rut, pero la moabita no esperó que ninguna agencia gubernamental u organización sin fines de lucro abogara por su bienestar económico. Ella tomó la decisión de ir a trabajar. Tomó la iniciativa de preguntarle a Noemí si le parecía bien que trabajara con gente extranjera. Debido a las decisiones que tomó, Rut pasó de ser una viuda pobre a convertirse en dueña de un gran campo de cultivo. Creo que Dios bendijo su iniciativa y su disposición a trabajar dirigiéndola a la tierra de Booz, igualmente como creo que Dios bendecirá de manera similar a las Rut de hoy en día por su iniciativa y disposición al dirigir sus pasos. Rut 2:3 afirma que la moabita llegó al campo que le pertenecía a Booz, pero nada sucede simplemente cuando usted se compromete con los caminos del Señor. Esta es una fuerte indicación de la dirección y guía del Señor moviéndose en dirección a su propósito. El extraordinario compromiso de Rut con el Señor hizo que él hiciera cosas extraordinarias a favor de ella.

En esta temporada, Dios está levantando a las Rut que romperán la barrera de la pobreza. Usarán lo que esté en sus manos y serán decididas, fieles y diligentes. Las Rut de hoy son las trabajadoras más fuertes. La calidad y la cantidad de su trabajo captará la atención de personas de todo el mundo. Se ganarán cada promoción y cada porción de favor que se les dé y, a su vez, serán el catalizador para romper el espíritu de pobreza que ha plagado a sus familias durante generaciones.

La Rut de hoy rompe las barreras económicas y sociales al trabajar en nombre de otros. No trabaja con ambición por la riqueza y los privilegios personales. Aunque la Rut de la Biblia trabajaba porque se preocupaba por Noemí, las Rut de hoy en día trabajarán pensando en todos aquellos que se beneficiarán de sus dones y talentos. Si bien también se beneficiarán, saben que su trabajo y el éxito que logren no tiene que ver con ellas. Las Rut de hoy mostrarán el amor de Dios en maneras poderosas y trascendentes. Se convertirán en personas altruistas que ayudarán a los que se pierden mediante la creación de programas e instituciones para promover el bienestar de las viudas y los huérfanos.

Cómo romper las barreras de género

La discriminación de género sigue viva y prospera, pero es más encubierta y sutil. Combatir la discriminación que se manifiesta tras percepciones ocultas requiere un arma poderosa y eficaz: la confianza. Podemos romper con los estereotipos establecidos. ¿Cómo? En primer lugar, debemos saber y creer la verdad de que fuimos hechas de manera maravillosa y asombrosa con el fin de que fuéramos diferentes, no menos que nadie. En segundo lugar, debemos reírnos de las barreras de género y no dejarnos intimidar hasta que las superemos, sabiendo —más allá de toda sombra de duda— que las mujeres tienen todo lo que se requiere para abrirse camino a favor de sus familias y sus comunidades, para guiarles a cumplir los planes y propósitos de Dios. Las mujeres podemos vencer.

No puedo decir lo suficiente: Rut era una mujer, pero no solo una mujer; también era una viuda. Las mujeres en ese tiempo se consideraban inferiores a los hombres, pero una viuda pobre era incluso menos que eso. Había solo unos pocos roles que la sociedad consideraba que eran lo suficientemente buenos para las mujeres en su posición: limosnera o prostituta. Rut ni siquiera pensó en esas opciones. Poco después de la llegada de las dos mujeres a Belén, Rut ya estaba pensando en

cómo proporcionaría el sustento para ambas. En Rut 2:2 leemos: «Y sucedió que Rut la moabita le dijo a Noemí: Permíteme ir al campo a recoger las espigas que vaya dejando alguien a
quien yo le caiga bien». Ella ya había descubierto lo que podía
hacer, así que se arregló, se enrolló las mangas y se puso a trabajar. No pensaba que era una frágil mujer. Tenía que hacer lo
que debía hacer.

No pasó mucho tiempo antes de que la noticia de la bondad de Rut hacia su suegra y su ética de trabajo rompiera filas
y llegara a oídos del dueño del campo. Entonces Booz preguntó
al criado a cargo de los segadores: «¿De quién es esa joven?»
(Rut 2:5). Cuando descubrió quién era ella y lo que había
hecho, le brindó seguridad y favor por encima del resto de sus
trabajadores: «Ya me han contado —le respondió Booz— todo
lo que has hecho por tu suegra desde que murió tu esposo;
cómo dejaste padre y madre, y la tierra donde naciste, y viniste
a vivir con un pueblo que antes no conocías. ¡Que el Señor te
recompense por lo que has hecho! Que el Señor, Dios de Israel,
bajo cuyas alas has venido a refugiarte, te lo pague con creces»
(Rut 2:11-12). En medio de una sociedad dominada por hombres, Dios restauró y redimió las vidas de Noemí y Rut, con-
virtiéndolas en una parte intrincada de la historia.

Las noticias de su amabilidad y su arduo trabajo traspasa-
rán fronteras. Es posible que la hayan retenido por razones que
escapan a su control, pero no están fuera del control de Dios,
tanto que —de repente— sea reconocida y ascendida. Como Rut
de hoy en día que usted es, su brillante ejemplo habla del poder
transformador de Dios y de su bondad para con las mujeres. Él
la ha ungido para romper barreras. ¡La unción de Rut está en
usted y se abrirá paso en medio de cualquier situación!

Cómo atravesar esas barreras

Mi hija, Eboni, es mi ejemplo favorito de una Rut moderna.
Ella es una rompebarreras. Rompió la barrera de la vista y ha
viajado a veintitrés naciones. Ella capacita y asesora a equipos

de jóvenes y luego los lleva a las naciones. Como Rut, incluso se casó de forma interracial. Como líder femenina, ha roto las barreras de género y raza, además de que sobresale con sus dones. Una cosa que le enseñé es que debemos cambiar la narrativa de su historia. Sí, nació con una discapacidad visual, pero eso no determinará lo que es ni qué puede lograr. Nuestro lema para su vida ha sido que vería lo que pudiera con sus ojos naturales, pero cambiaría al mundo a través de los ojos de su corazón. Creemos en Dios para la liberación total y la curación de sus ojos, pero como madre no permití que esa desgracia se convirtiera en parte de la familia. La entrené para que determinara lo que Dios la llamó a ser y para que persiguiera eso con todo su corazón. Las Rut de hoy en día serán mujeres con visión y pasión para cumplir su propósito.

Eboni y otras chicas como ella manifiestan plenamente la unción de Rut en sus vidas cotidianas, sin impedimentos por las expectativas sociales. Compartí algunas de las barreras que enfrentan Rut y sus contrapartes de hoy en día, y también di ideas sobre las herramientas y los atributos que la Rut de hoy necesita para romper esas barreras. Quiero destacarlas a continuación para que sepa lo que necesita a fin de lograr todo lo que Dios tiene para usted.

1. Capacidad de decisión: un catalizador para avanzar

Lo primero que me llama la atención cuando pienso en Rut es su habilidad para tomar decisiones. Ella ejerció su poder de elección y decisión a un nivel de confianza extraordinario para cualquier persona y más para una mujer en aquellos tiempos tan discriminatorios con el género femenino. Creo firmemente que ese fue el catalizador del poder para romper barreras que Rut tenía. Ella no vaciló entre dos opiniones. Lo cual también es indicativo de su espíritu pionero. Los pioneros toman decisiones difíciles y arriesgadas con mucha facilidad y rapidez. No se quedan mucho tiempo cavilando en el valle de la decisión. Tienen cierta idea de lo que hay que hacer y se dedican a ejecutarla. Son conscientes de la persecución potencial o los desafíos que pueden surgir como resultado de sus decisiones activas, pero confían y son determinados en cuanto a sus disposiciones. Medite en las personas que lucharon por los derechos civiles en Estados Unidos y en todo el mundo. Muchas de ellas enfrentaron la muerte, pero no vacilaron en su compromiso hasta ver un trato justo e igual para todas las personas.

Los que rompen barreras tienen la intuición que se requiere para ser diferentes y para hacer diferencias, como señala T. D. Jakes en su libro *Instinct*.[6] No pueden hacer otra cosa que romper el molde. Dios pone eso en el interior de esas personas. Él nos conoce a todos y sabe lo que nos ha llamado a hacer. También sabe lo que haremos con las decisiones que tomemos. Es innato en nosotras. Este espíritu pionero y que rompe barreras es lo que se formó en nosotras tal como fuimos formadas en el vientre de nuestras madres.

2. Fe: para mover montañas

La fe rompe barreras y activa lo sobrenatural. Es la moneda que circula en el cielo. Si usted quiere que Dios se mueva a su favor, pídale con fe, luego muévase con él en fe y reciba su favor. La Biblia dice que sin fe es imposible agradar a Dios (Hebreos 11:6). Cuando Dios se deleita en usted, ninguna barrera en la tierra puede detenerla. Dios se deleita en los que le obedecen y le temen.

La fe la impulsa a usted hacia adelante. La obliga a participar. Hebreos 10:38 dice: «Pero mi justo vivirá por la fe. Y, si se vuelve atrás, no será de mi agrado». Me encanta el versículo 39, que dice: «Pero nosotros no somos de los que se vuelven atrás»; por eso, nosotras nos apoyamos, damos un paso adelante y no retrocedemos. Nuestra fe en acción nos muestra que somos mujeres comprometidas, consagradas, dedicadas y que aceptamos el desafío de romper todas las barreras que surjan, de modo que la próxima generación pueda estar mejor posicionada para lo que se proponga hacer.

La fe es tener plena confianza en que el poder de Dios opera en nosotras como él quiera. De manera que cuando ejerzamos esa fe, tendremos todo lo que pedimos. Lo que antes era difícil ahora es fácil. Lo que era imposible ahora es posible. En cuanto a eso, el mismo Jesús dijo: «Para Dios todo es posible» (Mateo 19:26). Incluso podemos hasta mover montañas. Todo lo que necesitamos para prosperar en nuestro llamado se concede y es sí y amén a través de Jesucristo.

Algo muy interesante e importante que debemos notar es que aun cuando el Espíritu Santo no se menciona en absoluto en el Libro de Rut, podemos verlo guiando a la moabita en cada paso del camino que ella daba. Cualquier cosa que ella necesitara, la resolvía de forma natural e ingeniosa, como guiada por el Espíritu Santo. Este poder está aún más disponible para nosotras que somos el templo del Espíritu de Dios. Cuando usted ora, sus oraciones son de mucho valor, son poderosas y eficaces (Santiago 5:16). Cuando le pida al Señor sabiduría, él se la dará sin límite (Santiago 1:5). Cuando ore con fe, los enfermos serán sanados, los corazones quebrantados serán restaurados, los hambrientos serán alimentados y los desnudos serán vestidos. Todo lo que usted le pida al Señor le será dado si lo pide con fe. Me gusta la forma en que la Nueva Traducción Viviente de la Biblia expone la primera parte de Mateo 15:28; así como Jesús le dijo a la mujer cananea, él te dice: «Apreciada mujer, tu fe es grande. Se te concede lo que pides».

3. Confianza: la esencia de un nuevo movimiento de mujeres

Si ha estado viendo las noticias hace poco, seguramente ha visto reportes de mujeres marchando por diversas razones y abogando por políticas sobre temas que las afectan, como por ejemplo: la igualdad de salario, la violencia doméstica y los permisos de ausencia laboral por casos familiares remunerados. Si bien muchos de esos temas son importantes, creo que Dios está instigando a un nuevo movimiento femenino, uno que trabaje en el corazón de las mujeres primero y luego se extienda a otras mujeres, como las de nuestras familias, nuestras comunidades y finalmente las de todo el mundo. La esencia de ese movimiento de mujeres es la confianza que desarrollamos al trabajar en conjunto con otras féminas. Las mujeres necesitan liberarse de la duda, la inseguridad, la intimidación y los complejos de inferioridad. Las mujeres debemos ser empoderadas para encontrar nuestra identidad y amar lo que somos. Necesitamos un movimiento de mujeres que nos anime a forjar mejores relaciones con otras pares, junto con uno que promueva que las mujeres sobresalgan en sus carreras, conocimientos económicos y desarrollo empresarial. Un movimiento de mujeres como ese solo puede prosperar si sus participantes están armadas con una confianza sobrenatural. Por eso es que llamo a ese nuevo movimiento de mujeres un movimiento de confianza.

La palabra *confianza* se define como «el sentimiento o la creencia de que uno puede confiar en alguien o en algo; confianza firme; el estado de sentirse seguro acerca de la verdad de algo; un sentimiento de seguridad en uno mismo que surge de la apreciación de las propias habilidades o cualidades».[7] Las palabras asociadas con confianza son *intimidad, creencia, fe, credibilidad y convicción*.[8]

En su libro *La clave de la confianza*, Katty Kay y Claire Shipman escriben sobre cómo el cableado femenino está más orientado hacia la competencia que a la confianza.[9] Las mujeres quieren que todo esté perfectamente alineado, de modo que —cuando no lo está— nuestro nivel de confianza disminuye. Las mujeres solemos preocuparnos cuando no tenemos todas las piezas juntas, lo que nos hace dudar de nosotras mismas. Nos sentimos más seguras cuando todo, en primer lugar, está en orden.

Sin embargo, muchas veces en la vida, no tenemos todos los detalles necesarios ni los escenarios ideales. Debemos aprender a avanzar y no reprimirnos a nosotras mismas por el simple hecho de que no tengamos todas las piezas en su lugar. La mayoría de las veces no sabemos cómo van a salir las cosas, pero podemos estar seguras de que Dios puede guiarnos a través de ellas.

Confianza bíblica

La clase de confianza a la que me refiero es la confianza en Dios, lo cual es un firme conocimiento de que Dios puso en usted todo lo que necesita para triunfar. La Biblia dice: «No pierdan la confianza, porque esta será grandemente recompensada» (Hebreos 10:35). En otras palabras, no considere la confianza como algo de poco valor. La confianza viene con grandes recompensas. La confianza es un manto que podemos acoger. Es como una capa que nos ponemos y nos quitamos. La confianza es una decisión, ya sea para que la usemos y cosechemos las recompensas o para dejarla a un lado, disminuyendo su efecto en nuestras vidas. Las recompensas de la confianza son la perseverancia, la constancia, la firmeza y la capacidad de reunir valor y resolución en situaciones difíciles con una fortaleza mental que resiste activamente la derrota. Esta es la confianza que Dios da. La confianza en Dios no es arrogante ni imperativa. No es perfeccionismo. El perfeccionismo se basa en el miedo y lo perturba todo. La confianza se basa totalmente en nuestra certidumbre en el poder que Dios tiene para trabajar en nosotras y a través de nosotras.

La pieza que falta

A veces, después de toda la preocupación porque todos los detalles encajen en su lugar, la única pieza que falta es la confianza. Las mujeres son brillantes. Trabajamos duro, estudiamos, nos entrenamos, practicamos y aprendemos los entresijos de todo lo que se nos presenta. Sin embargo, también somos las que sabremos más que todos en la mesa y, aun con todo y eso, todavía nos sentimos inseguras. Hay un techo de cristal espiritual —tan patente— que el diablo puso como límite para nosotras que, si no tenemos confianza, nos estrellaremos contra eso cada vez que tratemos de traspasarlo. La inseguridad, el miedo, la vergüenza y la mentalidad asustadiza ponen un límite a lo lejos que podemos llegar. Si no superamos esas cosas, no tendremos éxito. ¿Recuerda el versículo que dice: «No somos de los que se vuelven atrás», o como dice otra traducción: «No somos de los que retroceden» (Hebreos 10:39, RVR1960)? Dios ya rompió ese techo de cristal y ha creado un espacio para nosotras en la tierra. No retroceda. Al contrario, apóyese.

Cómo se desarrolla la confianza

Hay cinco formas en que podemos desarrollar la confianza que necesitamos para romper barreras de todo tipo:

1. Busque un mentor. Cuando nos reunimos para animarnos unas a otras, plantear comentarios constructivos e intercambiar ideas, oportunidades y recursos, ayudamos a asegurar el futuro de las demás. Hubo un momento en que Noemí recobró la conciencia y dejó atrás su propia pena con el fin de ayudar a Rut. Podemos ver —en Rut 2:20— que Noemí tiene una idea genial, al darse cuenta de que su nuera tiene algo bueno y que el favor de Dios está con ella, por lo que le dice: «"Sea él bendito del Señor, que aún no ha dejado su misericordia ni para con los vivos ni para con los muertos". Y le volvió a decir Noemí: "Nuestro pariente es aquel varón, y es uno de los que tiene el derecho de redimirnos"» (JBS). Fue entonces cuando Noemí se levantó de su dolor y comenzó a instruir a Rut sobre qué hacer para asegurarse de que estuviera bien posicionada para el progreso de las dos.

Eso es lo que hacen los mentores. Ven algo especial en usted y saben que usted lo va a aprovechar y a multiplicar. Ellos ven las ideas de usted, ven su visión y concluyen que usted está en algo, que tiene algo que dar, algún talento; por lo que la impulsan a actuar. Al creer en su visión, los mentores le brindan información y estrategia. Los mentores le hablarán con fe cuando usted sienta dudas. Ellos ven lo que usted es. Al principio, tienen más fe en usted que usted misma, por lo que puede apoyarse en eso cuando las cosas se pongan difíciles y confusas. Los mentores ya han transitado por ese camino que usted apenas empieza a recorrer. Esa es la dinámica que vemos en la relación de Rut y Noemí. Como señala la Biblia en Tito 2:3-5, las mujeres mayores deben guiar a las mujeres más jóvenes.

En una relación de mentoría no debe haber competencia de ninguna clase. El mentor proporciona un entorno seguro para que las mujeres vulnerables, un ambiente en el que puedan obtener ayuda y ser animadas, corregidas, asesoradas y fortalecidas. A menudo, muchas mujeres actúan como cuidadoras; sin embargo, en una relación de tutoría tenemos la oportunidad de recibir atención.

2. Utilice sus dones. Cuando identificamos y usamos nuestros dones, comenzamos a comprobarnos a nosotras mismas nuestro propio valor. Empezamos a ver lo que hicimos con nuestras propias manos para producir lo que una vez existió solo en nuestras mentes. Usar lo que Dios puso en nuestras manos y verlo convertirse en algo tangible constituye el fortalecimiento de la confianza. Algunas personas viven al margen de la vida y pierden la oportunidad de ver lo que pueden hacer y de qué están hechas. Para aquellas que tienen la unción de Rut, usar nuestros dones es algo que rápidamente fortalecerá nuestra confianza y nos hará desear hacer aún más.

3. No se quede inactiva; haga algo. Aunque Rut tuvo todas las excusas apropiadas para quedarse en Moab y morir allí o sumirse en la propia conmiseración (¡ya que lo había perdido todo!), se levantó y dijo: «No me voy a quedar sentada aquí hasta morir». En ese momento decisivo, no solo se comprometió a proveer activamente para ella y para la nueva vida de Noemí, sino que también rompió otra barrera: la del dolor. Cada vez que necesite salir de una rutina como la decepción, la pérdida o el pesar, mire más allá de usted misma. ¿A quién puede servir? ¿Quién necesita su ayuda o su aliento? No se quede ahí sentada sin hacer nada. Cuando se disponga a bendecir a otros y se acerque a ellos, encontrará el gozo del Señor y la confianza en él volverá a apoderarse de usted.

4. Permanezca activa y comprometida. Rut pudo haber pensado: «Mi vida no funcionó en Moab». Aunque pensó casarse con un israelita importante, no dejó que el dolor y el trauma de su pérdida la detuvieran. Ella era una mujer resistente. La animo a que siga dedicada a su faena como lo hizo Rut. Mantenga su corazón receptivo a nuevas oportunidades y no se estanque pensando que Dios obrará de una sola manera. Mantenga los ojos abiertos por si surge algo de repente. Como dice la Palabra: «La esperanza postergada aflige al corazón, pero un sueño cumplido es un árbol de vid» (Proverbios 13:12).

5. Tenga fe en Dios (Marcos 11:22). La fe es confianza en Dios, no solo en que él existe, sino que recompensa a los que lo buscan diligentemente (Hebreos 11:6). Dios es un buen Padre que da buenos regalos a sus hijos (Mateo 7:11). Nuestra fe se forja cuando lo buscamos a través de su Palabra. Romanos 10:17 dice «que la fe viene como resultado de oír el mensaje, y el mensaje que se oye es la palabra de Cristo». Al buscarlo, descubrimos quién es. Conocemos su carácter, confirmamos que él es fiel y que nunca nos deja solas (Hebreos 13:5). Nuestra confianza aumentará a medida que entendamos que Dios está con nosotras dondequiera que vayamos (Génesis 28:15; Deuteronomio 31:8; Josué 1:9).

Necesitamos creer en nosotras mismas a medida que Dios nos mueve y nos fortalece. Nuestra confianza tiene que ver con confiar en Dios, tener un corazón valiente y atrevernos a seguir adelante a pesar del miedo. Algunas personas se sienten tan cómodas con el temor que, incluso después de la liberación, siguen paralizadas en el mismo lugar. El miedo ha sido un hábito, una expectativa que han acogido en sus vidas. Por lo tanto, deben activar la valentía, en este caso haciendo algo. Una vez que el espíritu de temor es expulsado, usted tiene que hacer algo. Todavía tiene que activar su fe con el fin de dar el salto, actuar y avanzar. Eso es lo que vemos en la decisión que Rut tomó de mudarse con Noemí a Belén.

A veces, ni siquiera sabemos que hemos superado algo hasta que actuamos. No sabemos el alcance de nuestra fuerza y nuestra libertad. No sabemos de qué estamos hechas porque todavía, la idea de que estamos atadas, nos perturba. Así que la desafío ahora a que vea su situación a través de los ojos del Espíritu y observe dónde necesita hacer algunos movimientos. La desafío a activar su fe ahora mismo y a estar lista para moverse con Dios en cualquier momento. ¿Hay alguna oportunidad esperando su respuesta afirmativa? ¿Hay alguna tarea que deba marcar en su lista, pero ha estado postergando las cosas? La reto a que se esfuerce por decir que sí cuando tiene que decir que sí y a hacer las cosas que hay que hacer. No sea la que frene su propio avance. Usted tiene todo lo que se necesita. Usted está bien equipada. Usted es la más brillante. No dude de usted misma. No dude de Dios. Usted está en el lugar correcto en el momento correcto. No está aquí por error. Tome el lugar en el que Dios la tiene y aproveche lo que él puso en su mano para que sea fructífera. Todo es para su gloria.

¡Pase, Rut!

Me encanta la expresión *pase*. A veces, esa palabra se refiere a cuando a las personas se les permite acceder a la grandeza después de una dura prueba. Ha llegado su momento de brillar y todos los de la zona lo saben. Han luchado y sobrevivido. Han sido oprimidas y pisoteadas, pero finalmente se han abierto paso. Este es el tiempo para que las mujeres pasen. Dios nos está capacitando con el fin de que rompamos barreras y superemos los obstáculos establecidos para desviarnos del destino que Dios nos dio. Estamos abriéndonos paso, nuestro tiempo para levantarnos y brillar ya llegó. Así que ¡pase!

Oración para activar la confianza en Dios

Padre, declaro que tú eres el Dios de mi salvación y mi confianza en todos los confines de la tierra y hasta los mares más lejanos (Salmos 65:5). Declaro: Mejor es confiar en el Señor que en el hombre. Es mejor confiar en el Señor que confiar en los príncipes (Salmos 118:8-9).

Señor, eres mi confianza. Evitarás que mi pie sea atrapado (Proverbios 3:26). Señor, encuentro refugio en ti, y en el temor del Señor encuentro una gran confianza (Proverbios 14:26).

Oración para romper barreras

Un gran avance es un descubrimiento o desarrollo repentino, dramático e importante. Decreto que esta es mi temporada de gran avance. Decreto que se rompen todas las limitaciones y barreras que obstruyen mi destino. No me definiré por mi situación económica. No estaré limitada por mi género ni mi raza. Decreto que todo techo que me mantiene abajo se rompe. Soy una mujer que se expandirá y extenderá a la izquierda y a la derecha. Lograré todo lo que el Señor ha diseñado para mi vida. Me levantaré y me pondré de pie en la unción. Hablo a toda montaña de miedo y te ordeno que te muevas y te lances al mar. Me elevaré por encima de los prejuicios y de toda opinión preconcebida sobre mis habilidades como mujer. Rompo toda maldición generacional de pobreza y carencia. Prosigo hacia el supremo llamamiento en Cristo Jesús. Soy pionera. Terminaré fuerte. ¡Voy a pasar!

Capítulo 7

UNA MUJER DE VIRTUD Y EXCELENCIA

Toda la gente de mi pueblo sabe que eres mujer virtuosa.
—RUT 3:11, RVR1960

RUT ES LA única mujer en la Biblia a la que se la llama mujer virtuosa y tal vez ella haya sido la fuente de inspiración de Proverbios 31, que escribió su tataranieto Salomón. Es probable que este haya aprendido eso en su niñez, escuchando la tradición oral de su familia. El legado de virtudes de Rut es lo que ha inspirado este libro. *Virtud* es la palabra hebrea *chayil*, que significa «riqueza, poder, honor, virtud o integridad». La palabra también puede significar «ejército» o «fuerza».[1] Puede referirse a la capacidad de adquirir riquezas y fortunas. También es un atributo asignado a alguien que es recto y lleno de integridad. Creo que Dios está resaltando y trayendo revelación en cuanto a lo que significa ser una mujer virtuosa. Debo admitir que en mis primeros años escuché que ese atributo se enseñaba exclusivamente en referencia a las amas de casa, que eran el apoyo —tras bambalinas— del primer plano de sus maridos. «Detrás de todo gran hombre hay una gran mujer», la mujer virtuosa. Como me divorcié y tuve un hijo a los veinticinco años, me sentí descalificada; eso no podría estar hablando de mí. Tal vez esté leyendo este libro y sienta que no está calificada para ser llamada virtuosa. Quiero que sepa que la virtud es una fuerza dada por Dios y depositada en las mujeres para que prevalezcan en cualquier situación. Si ha recibido a Cristo como su Señor y Salvador, es una candidata para actuar en virtud.

El poder sobrenatural de la virtud

A través de la vida de Cristo, que pertenece al linaje familiar de Rut, aprendemos que la virtud no es solo un atributo, sino también una fuerza sobrenatural que nos ha sido dada por el poder del Espíritu Santo. La evidencia de eso se encuentra en Lucas 8:43-48, que relata la historia de la mujer con flujo de sangre. Jesús había estado ministrando a grandes multitudes todo el día y estaba en camino a realizar otro milagro: resucitar a una jovencita de entre los muertos. Pero una mujer que había estado sangrando durante doce años se enteró de que Jesús pasaba por su pueblo. Así que se abrió paso en dirección a Jesús, extendió la mano y tocó el borde del manto del Señor. En ese instante Jesús se volteó y dijo: «Me ha tocado alguien; porque yo he conocido que ha salido virtud de mí» (v. 46, JBS). La palabra griega aquí para virtud es *dynamis*, que significa «fuerza, poder o habilidad». *Dynamis* puede significar «poder inherente, poder que reside en una cosa en virtud de su naturaleza, o que una persona o cosa ejerce y pone en práctica; poder para realizar milagros; poder moral y excelencia del alma; el poder y la influencia que pertenecen a la riqueza y la fortuna; poder y recursos que surgen de los números; o poder que consiste en o descansa sobre ejércitos, fuerzas, huestes».[2]

Por extensión, podemos ver que Rut empleó esa misma fuerza milagrosa y sobrenatural cuando asumió el papel de asegurar el futuro de su familia. La virtud de Rut era una fuerza milagrosa y vivificante que valía la pena considerar. Su virtud era como el poder que descansa sobre un ejército. ¡Incluso se dijo que Rut era mejor para Noemí que siete hijos! Siete es el número de completud y perfección. Hay una unción que viene sobre las mujeres que sirve para completar y satisfacer sus vidas. Los días de sentirse vacía e impotente han terminado.

Dios está derramando una gracia vencedora para que prevalezca contra toda tarea de destrucción y devastación.

Las mujeres le decían a Noemí: «¡Alabado sea el Señor, que no te ha dejado hoy sin un redentor [nieto, como heredero]! ¡Que llegue a tener renombre en Israel! Este niño renovará tu vida y te sustentará en la vejez, porque lo ha dado a luz tu nuera, que te ama y es para ti mejor que siete hijos.

—Rut 4:14-15

Rut recibió el poder del Espíritu Santo para trabajar duro, traer salud y gozo a Noemí, para restaurar la riqueza y la dignidad del nombre de su familia. Las Rut de hoy en día recibirán esta misma gracia y este poder para construir o, en algunos casos, reconstruir sus vidas. Al seguir a Dios y alinearse con el plan divino para su vida, Rut tenía todo el cielo a su disposición. Y, como en la historia de Eliseo, había más con ella que contra ella. (Ver 2 Reyes 6:16). El poder virtuoso que operaba en Rut le permitió llevar a cabo el trabajo que tenía que hacer. Recuerde que Dios es el mismo ayer, hoy y por los siglos (Hebreos 13:8). Si lo hizo por Rut, que creyó en Dios bajo el antiguo pacto, imagine lo que puede hacer por usted con el nuevo y mejor pacto. Echemos un vistazo ahora a la naturaleza virginal de Rut a través del lente de Proverbios 31.

Rut, una mujer de Proverbios 31

Mujer virtuosa, ¿quién la hallará? Porque su estima sobrepasa largamente a la de las piedras preciosas.

—Proverbios 31:10, RVR1960

Las discusiones sobre si Proverbios 31 representa a una mujer o una combinación de muchas mujeres han ido y venido desde el momento en que se escribió ese pasaje de las Escrituras. Puede parecer demasiado bueno para ser cierto, pero

cuando pensamos en madres y esposas que dirigen ministerios
o trabajan fuera de sus hogares, parece posible que Proverbios
31 se refiera a usted, a su mejor amiga, a su tía, a su madre o a
mí. También creo que como la primera y única mujer virtuosa
nombrada en la Biblia, Rut sentó precedente.[3]

Rut es solidaria (Proverbios 31:10-12)

Cuando se enseña el mensaje de la mujer virtuosa, normalmen-
te se nos señala en dirección a una mujer que apoya a su esposo
y a sus hijos. Con Rut, encontramos que su apoyo se muestra
en su relación con su suegra. Ella fue un apoyo tan grande
para su suegra que eso se convirtió en noticia y se extendió por
todo el pueblo como un rumor indetenible. Booz dijo: «Ya me
han contado todo lo que has hecho por tu suegra desde que
murió tu esposo; cómo dejaste padre y madre, y la tierra donde naciste, y viniste a vivir con un pueblo que antes no conocías» (Rut 2:11). Ya sea que Rut quisiera que la gente supiera
eso acerca de ella o no, su amabilidad y su apoyo se convir-
tieron en la comidilla del día en la ciudad. Las Rut de hoy en
día serán conocidas por este mismo tipo de lealtad y apoyo. Su
virtuosa reputación las precederá.

Rut toma la iniciativa (Proverbios 31:13-15)

> Y sucedió que Rut la moabita le dijo a Noemí: Permíte-
> me ir al campo a recoger las espigas que vaya dejando
> alguien a quien yo le caiga bien.
>
> —Rut 2:2

Tomarse unos días para hacer turismo en la nueva ciudad
a la que acababa de llegar no estaba en la lista de prioridades
por hacer de Rut. Lo primero para ella era ponerse a trabajar. Como observadoras silenciosas, conocemos la devastadora pérdida que Rut ha sufrido. Sin embargo, todavía estaba
buscando cómo podría contribuir al bienestar de su familia,

recientemente reducida a ella y a Noemí. Con esa simple solicitud, Rut demostró que era emprendedora, asertiva y orientada a encontrar soluciones. Rut no necesitaba que nadie le dijera qué hacer a continuación. Vio las necesidades frente a ella y tomó la iniciativa para satisfacerlas.

Muchas veces esperamos que las cosas estén en su lugar antes de comenzar un negocio o dar un paso en dirección a lo que creemos que Dios nos ha llamado a hacer. Las Rut de hoy en día deben creer que Dios es y que recompensa a los que lo buscan diligentemente (Hebreos 11:6). Las Rut de este tiempo deben comenzar ahí donde están. Es posible que tenga que trabajar de manera temporal para una agencia que se especialice en el campo del negocio que desea, aprendiendo el funcionamiento interno de la empresa. Dios puede llevarla a ser voluntaria en un hospital, desarrollando en usted la capacidad de servir. Cuando comprenda que el destino se cumple en pasos ordenados por Dios, la tranquilidad no va a ser más una opción.

Rut es emprendedora (Proverbios 31:16)

La Biblia dice que Dios nos ha dado el poder para obtener riquezas (Deuteronomio 8:18). Rut tenía buen ojo para trabajar de una manera que la hacía alcanzar sus metas provisionales de manera rápida y eficiente. Hizo un inventario de todos los campos en su área y eligió el que pensó que podría permitirle alcanzar su objetivo del día, pero también en el que podría encontrar el favor para alcanzar ese objetivo más rápida y fácilmente, un campo en el que no solo recolectara todo el grano que necesitaba, sino también uno en el que no se lo impidieran los abusadores. Una buena empresaria analiza todos los factores que pueden influir positiva o negativamente en sus metas. En su primer día, Rut encontró el campo que no solo satisfaría su necesidad financiera inmediata, sino que podría crecer en él y finalmente poseerlo. Quiero desafiarla, como una Rut moderna que usted es, a desarrollar una mente empresarial. En vez de gastar dinero frívolamente en usted misma, conviértase en una sabia administradora de sus recursos. Instrúyase para que pueda tomar decisiones financieras acertadas en pro de su futuro. Creo que Dios nos ha dado poder para obtener riquezas.

Otra cosa que habla de la inteligencia empresarial de Rut es que cuando llegó a casa para contarle a Noemí acerca de su primer día de trabajo, no dijo: «¿Adivina para quién tengo que trabajar hoy?». Al contrario, lo que dijo fue: «El hombre con quien hoy trabajé se llama Booz» (Rut 2:19). Note la frase *con quien hoy trabajé*. La mayoría de la gente dice «*para* quien trabajo» o «trabajo *para* fulano de tal». Demostrando una vez más que tenía un espíritu diferente, Rut se posicionó de inmediato como socia, no simplemente como una empleada de nivel inicial que marca el reloj de entrada y solo se interesa en obtener un cheque. Se veía a sí misma como una colaboradora valiosa y se alineaba con la visión de la organización como alguien que se uniría al propietario con el fin de lograr objetivos mutuos. Eso es lo que una dice cuando trabaja *con* alguien.

Rut es responsable (Proverbios 31:18)

Tal como descubrimos en la sección anterior sobre la iniciativa, Rut comprobó ser responsable al dedicarse a trabajar con el propósito de proveer para Noemí y para ella. Todavía no había ningún hombre designado como proveedor de las dos mujeres. Noemí era una mujer anciana que no podía trabajar. De modo que, sin pensarlo mucho, Rut asumió el rol de proveedora, lo que hizo con excelencia y conveniencia, tanto que todo el pueblo se dio cuenta.

En otro ejemplo, vemos que cuando recibió instrucciones de Noemí sobre cómo acercarse a Booz con la idea de redimir el patrimonio de su familia, ella también se encargó del resultado.

—Haré todo lo que me has dicho —respondió Rut. Y bajó a la era e hizo todo lo que su suegra le había mandado.

—Rut 3:5-6

Somos responsables de lo que decimos y hacemos. Cuando hacemos lo que decimos que haremos, nos apropiamos de nuestras acciones. Decimos que nos hacemos responsables de lo que ocurra a continuación. La responsabilidad tiene que ver con rendir cuentas a algo o a alguien. Las personas responsables son confiables y honestas. Rut era alguien con quien Noemí podía contar.

Rut es generosa (Proverbios 32:10)

Aunque Rut y Noemí tenían una necesidad inmediata al comienzo del Libro de Rut, sabemos las generaciones de bien que produjeron para su descendencia. Rut marcó la pauta para la prosperidad y cambió la perspectiva económica de toda su familia. Sus esfuerzos de divulgación comenzaron primero con su suegra. Al darse cuenta de que Noemí no podía trabajar, pero aún necesitaba provisión, Rut intervino para asegurarse de que ella tuviera todo lo que necesitaba.

Una de las cualidades más destacadas de las Rut de hoy en día es su cuidado por los pobres. Creo que el Señor hace que se levante una generación con pasión por servir. Oro que el Señor entrene su ojo para que vea a los necesitados. Oro para que extienda su mano con amor para ayudarlos. Quiero desafiarla a que se ofrezca como voluntaria con el objeto de convertirse en mentora de una mujer joven. Comience en su iglesia sirviendo a una viuda. Muchas de las ancianas de mi iglesia tienen ingresos bajos, por lo que les doy un «apretón de manos pentecostal», y les pongo algo de dinero en efectivo en sus manos.

A medida que las mujeres envejecen, aumenta el riesgo de que vivan en pobreza extrema. En Estados Unidos, casi el doble de las mujeres que de los hombres mayores de sesenta y cinco años viven en la pobreza.[4] A través de sus dones, las Rut de hoy están bien posicionadas para cambiar las estadísticas de pobreza en cuanto a las mujeres y los niños en todo el mundo. La unción de Rut trabajará para estabilizar los pronósticos económicos de las mujeres a través del espíritu empresarial, las organizaciones sin fines de lucro, la promoción y la educación.

Rut es una mujer de excelencia (Proverbios 31:21-25)

Rut fue una mujer de excelencia. En la Biblia Amplificada (en inglés), Rut 3:11 dice: «Todo mi pueblo sabe que eres una mujer de excelencia». En vez de la palabra *virtuosa*, como dice en otras traducciones, en este caso Booz la llama «una mujer de excelencia». *Excelencia* se puede definir como «calidad extremadamente alta» y se asocia con palabras como *distinción, grandeza, perfección* y *superioridad.*[5] Aunque la excelencia está relacionada con la perfección, creo que la excelencia es de Dios mientras que el deseo de la perfección en muchos casos es del enemigo. La excelencia se conecta con una confianza humilde. La excelencia es una actitud. La excelencia no es tangible, pero es algo notable. Creo que la excelencia es un asunto del corazón. Rut creyó en su corazón, confesó con su boca y puso en acción su fe, entonces encontró favor y promoción. Las Rut de hoy en día han de comportarse con un espíritu de excelencia que hable de fe en medio de la adversidad, de buscar el rayo de luz en la oscuridad y la luz al final del túnel. Hay una alta calidad asociada a la excelencia. Buscar la perfección en cierto sentido se basa en la aprobación y el miedo, y se manifiesta en aquellos que no han sido sanados de un espíritu de rechazo. La verdadera excelencia se basa en la humildad, la fe en Dios y en su gracia sobrenatural, la que le da poder para ir más allá de las expectativas promedio.

Rut cuida sus palabras (Proverbios 31:26)

Rut era una mujer de honor que tenía gran respeto y deferencia hacia sus mayores y por aquellos que tenían autoridad sobre ella. Sin embargo, tenía un don especial para lo que muchos en el mundo empresarial denominan gestión. Lo demostró por primera vez en el capítulo 1 del Libro de Rut, donde le dijo a Noemí: «¡No insistas en que te abandone o en que me separe de ti! Porque iré adonde tú vayas» (Rut 1:16). Ella no estaba siendo irrespetuosa, pero estaba expresando lo que sentía como el mejor camino a seguir para lo que sabía que Dios tenía en el futuro de ella y de Noemí. También vio el estado en el que se encontraba Noemí, cuya amargura podría haber saboteado la esperanza de Rut en cuanto a lo que Dios tenía para ella si Rut lo permitía. Cosa que no hizo. Lo que ella dijo estableció un límite y el dominio de la palabra que tenía en su corazón con respecto a su próxima temporada.

Las pocas veces que «escuchamos» hablar a Rut, es en ese mismo tono directo y respetuoso. Cuando habló con Booz, dijo: «Soy Rut, su sierva. Extienda sobre mí el borde de su manto, ya que usted es un pariente que me puede redimir» (Rut 3:9). Rut le hizo saber específicamente lo que necesitaba y cómo podría él ayudarla a lograr la redención de los bienes de su familia. Ella usó la autoridad que Dios le dio en cuanto a su destino, porque ¿quién desde afuera, mirando hacia adentro, conocería el destino de Rut mejor que ella misma? ¿Quién sabe mejor que usted lo que Dios le ha dicho? Es fundamental que Rut aprenda a administrar los recursos humanos con los que Dios la pone en contacto.

Rut habló con confianza en la dirección en la que sabía que Dios la estaba guiando, y usó tanto sus palabras como sus acciones para guiar y posicionar a quienes la rodeaban con el fin de que se unieran a lo que Dios quería hacer.

«Cuando habla, lo hace con sabiduría; cuando instruye, lo hace con amor» (Proverbios 31:26). La Rut de nuestros días tendrá sabiduría sobrenatural. Usará sus palabras con amor. No hablará tontamente ni con malas intenciones.

Rut es fuerte (Proverbios 31:27-29)

Rut era fuerte tanto en lo físico como en lo espiritual y lo emocional. No dejó que sus circunstancias le impidieran hacer lo que sabía que tenía que hacer para salir del lugar bajo en el que se encontraba. No se dejó definir por sus circunstancias. Al contrario, se puso a trabajar. El trabajo en el campo no es fácil. Tenía que inclinarse y agacharse todo el día, a medida que el peso del grano se hacía más pesado minuto a minuto, mientras llenaba su bolsa. Pero trabajaba con tal determinación y eficiencia que llamó la atención de los que la rodeaban.

Las Rut de hoy deben cuidar su salud. La mujer de Proverbios 31 fortaleció sus brazos. Creo que en tiempos de restauración y recuperación, podemos olvidarnos de nuestra salud natural, pero debemos fortalecernos para cumplir con nuestro destino.

Rut es piadosa (Proverbios 31:30)

Al considerar la declaración de la moabita en Rut 1:16: «... tu Dios será mi Dios», todo su actuar fue para honrar a su nuevo Dios y a su pueblo. Las Rut de hoy en día tendrán una gran fe en Dios. Tendrán reverente sumisión al Señor. Creo que Rut sirvió a Noemí con fervor porque hizo todo «como para el Señor». Las Rut de hoy en día tendrán corazones para agradar al Señor con sus acciones. Todo lo que hagan será para impresionar a Dios, no a las personas. Las Rut de estos tiempos serán conocidas por su reverencia y su obediencia a los caminos de Dios. Esto es lo que las hace excepcionales y dignas de elogio. La mujer que teme al Señor es de impecable carácter; es digna de confianza, trabajadora y toma excelentes decisiones financieras. Es una mujer preparada para el futuro.

Rut es diligente (Proverbios 31:13, 27)

Una de las características de la mujer virtuosa es que está dispuesta a poner manos a la obra para lograr lo que debe hacerse; no es ociosa (Proverbios 31:13, 27). Rut encarnó estas características y, como resultado, fue recompensada con riqueza y abundante suministro para todo lo que necesitaba. Proverbios 12:24 dice: «El de manos diligentes gobernará; pero el perezoso será subyugado». Luego Proverbios 13:4 dice: «El alma [apetito] del perezoso desea, y nada alcanza [porque el letargo vence a la ambición]; mas el alma (apetito) de los diligentes [que trabajan de buena gana] será prosperada».

¿Y si Rut se hubiera rendido ante su dolor? ¿Y si, cuando llegara a Belén, decidía quedarse en casa con Noemí? ¿Qué pasaría si permitía que la depresión la llevara a la pereza y la postergación? A veces, cuando nos dedicamos a consentir nuestro trauma y pasamos demasiado tiempo en los lugares de quebranto sin disfrutar del ministerio y la liberación espiritual, terminamos manifestando cosas que sabotean nuestro éxito. La diligencia trae recompensa, favor, bendición y riqueza a nuestra vida: «las manos hábiles atraen riquezas» (Proverbios 10:4). La diligencia es la posesión más preciosa de una persona sabia; una mujer diligente es aquella que «posee una gran riqueza» (Proverbios 12:27). Usted no puede simplemente ver algo en la distancia que puede ser posible. Tiene que estar dispuesta a levantarse e ir a verlo. El enemigo de la diligencia es la pereza. La pereza se relaciona a muchos vicios y consecuencias negativas:

- Fracaso: «El perezoso ambiciona, y nada consigue; el diligente ve cumplidos sus deseos» (Proverbios 13:4). «El perezoso no labra la tierra en otoño; en tiempo de cosecha buscará y no hallará» (Proverbios 20:4).
- Pereza: «La codicia del perezoso lo lleva a la muerte, porque sus manos se niegan a trabajar» (Proverbios 21:25).
- Dificultad: «El camino del perezoso está plagado de espinas, pero la senda del justo es como una calzada» (Proverbios 15:19).
- Espíritu de letargo y aislamiento: «Perezoso, ¿cuánto tiempo más seguirás acostado? ¿Cuándo despertarás de tu sueño?» (Proverbios 6:9). «La pereza conduce al sueño profundo; el holgazán pasará hambre» (Proverbios 19:15).
- Desperdicio, ruina y pobreza: «El que es negligente en su trabajo confraterniza con el que es destructivo» (Proverbios 18:9). «Pasé por el campo del perezoso, por la viña del falto de juicio. Había espinas por todas partes; la hierba cubría el terreno, y el lindero de piedras estaba en ruinas. Guardé en mi corazón lo observado, y de lo visto saqué una lección: Un corto sueño, una breve siesta, un pequeño descanso, cruzado de brazos

... ¡y te asaltará la pobreza como un bandido, y la escasez, como un hombre armado!» (Proverbios 24:30-34).

- Maldad: «Pero su señor le contestó: "¡Siervo malo y perezoso! ¿Así que sabías que cosecho donde no he sembrado y recojo donde no he esparcido?"» (Mateo 25:26).

Diligencia significa «esfuerzo constante, serio y enérgico; aplicación perseverante».[6] Los que se esfuerzan y son fieles y pacientes heredan las promesas de Dios. Hebreos 6:11-12 dice: «Deseamos, sin embargo, que cada uno de ustedes siga mostrando ese mismo empeño hasta la realización final y completa de su esperanza. No sean perezosos; más bien, imiten a quienes por su fe y paciencia heredan las promesas».

Las mujeres con la unción de Rut son diligentes, fieles, pacientes y trabajadoras, atentas a las promesas de Dios que se les presentan. No importa lo que esté sucediendo en sus vidas, no se desaniman; se ponen a trabajar. No se rinden ante cualquier espíritu perezoso y ocioso. Saben qué hacer para mantenerse llenas de esperanza y seguridad. Si usted descubre que ha estado dirigiéndose hacia la inacción y la pereza, a continuación tenemos algunas cosas que puede hacer para recargarse:

- Encuentre un lugar para servir. Observe alrededor de la zona en que Dios la necesite. Sirva como voluntaria. A veces tiene que ponerse en una posición en la que use sus dones. Dé, done. Sea generosa. Noemí y Rut estaban en la misma posición, pero Rut decidió ir más allá. Quite el foco de usted misma.

- No prorrogue. Si este es su problema, busque un socio responsable. Pase de hacer solamente declaraciones a hacer demostraciones acerca de lo que el Señor está haciendo en su vida. No deje para mañana lo que pueda hacer hoy (Proverbios 6:4).

- Empiece poco a poco y aproveche lo que esté disponible. Cuando usted es noble y de mente magnánima, es probable que extrañe las cosas que Dios tiene para usted. Humíllese y piense más allá de sus límites. Los caminos de Dios no son nuestros caminos. Expanda su expectativa en cuanto a lo que Dios quiere hacer en su vida.

La diligencia trae bendición, favor, promoción, riqueza e incremento. La diligencia extiende los límites de su fidelidad a Dios. Cuando Dios vea su diligencia en las cosas pequeñas, la hará gobernante de mucho, tal como lo hizo con Rut.

De espigadora a propietaria del campo

Espigar era una manera de hacer caridad con los desfavorecidos en el antiguo Israel. Dios hizo una provisión especial en la ley para que los pobres, los extranjeros, las viudas y los huérfanos caminaran detrás de los cosechadores y recogieran el grano que los agricultores arrojaban y dejaban a propósito (Levítico 19:9-10; 23:22; Deuteronomio 24:19). La ley prohibía a los agricultores que cosecharan las esquinas de sus campos de grano o que recogieran cualquier grano que arrojaran. Debían dejarlo para las personas que se encontraban en situaciones similares a las de Rut y Noemí.[7] Aunque era nueva en la ciudad Rut, de alguna manera, observó que eso era algo que podía hacer en vez de mendigar o prostituirse. Pero no duró mucho tiempo como espigadora. La promoción llegó con rapidez. Creo que este también será el caso de las Rut de hoy en día. No pasará mucho tiempo antes de que usted trabaje con toda diligencia antes de que llegue el avance, el favor y la promoción. Para pasar de ser empleada a propietaria, de seguidora a lideresa, la Rut de la actualidad debe estar atenta a:

- Los cambios divinos: Prepárese para moverse con el Espíritu de Dios. Esté preparada para decirle al Señor: «A donde tú vayas, yo iré».
- Las transiciones: No tema a los cambios y movimientos repentinos del Espíritu Santo. Sea flexible y mantenga

sus ojos en Dios. Las estaciones cambian, pero cada una tiene un propósito al prepararla para su destino. En la transición es donde Dios perfecciona el carácter de usted para que pueda sostener las temporadas de abundancia y prodigalidad.

• El miedo a pasar de la oscuridad a la prominencia: En el capítulo anterior discutimos acerca de competencia y confianza. Al desarrollar la unción de Rut, algunas mujeres necesitarán dejar su miedo a ser vistas y conocidas. Rut se arriesgó enormemente al emigrar de la nación idólatra de Moab a la nación escogida de Israel, que era temerosa de Dios. Entre el pueblo judío, ella se destacó por su atuendo, su acento y sus costumbres moabitas. No pudo ocultarse. Su presencia y sus aportaciones se dieron a conocer de inmediato en toda la localidad. La unción de Rut la sacará a usted de la oscuridad. No podrá esconderse tras una falsa sensación de humildad e inseguridad. Las Rut de hoy están llenas de confianza en Dios y listas para asumir la responsabilidad de ser visibles, de modo que la gloria de Dios se vea a través de ellas.

• Las oportunidades para ser fiel donde usted se encuentre: No sabemos dónde nos colocará Dios. Rut no tenía una lista de lo que quería que Dios hiciera por ella en su nueva ciudad. No se acercó a los líderes del pueblo ni exigió un lugar en el equipo ejecutivo. Miró dónde estaba, qué podía hacer y aprovechó las oportunidades que la rodeaban. No fue la ambición de Rut lo que le trajo el éxito; fue su fidelidad y su diligencia. Mateo 25:23 dice: «¡Hiciste bien, siervo bueno y fiel! Has sido fiel en lo poco; te pondré a cargo de mucho más. ¡Ven a compartir la felicidad de tu señor!».

• La paciencia: la promoción viene de Dios. No se apresure. La paciencia era parte de la virtud de Rut. Ella no tenía idea de lo que le esperaba, pero no se preocupó por ello. Tuvo la determinación de lidiar con lo que enfrentaba hoy y dejar que el mañana se hiciera cargo de sí mismo (Mateo 6:34). Ella encarnó el mensaje de Proverbios 31:25: «Es mujer de carácter; mantiene su dignidad, y enfrenta confiada el futuro». La paciencia también le dio fuerzas para soportar la ardua temporada. Ella no se cansó de hacer el bien y, a su debido tiempo, recogió una abundante cosecha (Gálatas 6:9). Todo lo que había perdido le fue devuelto al ciento por uno.

Dios quiere darle la capacidad de ver más allá de donde está. Su imagen debe ser más grande de lo que usted ve ahora. Dios dice: «¡Voy a hacer algo nuevo! Ya está sucediendo, ¿no se dan cuenta?» (Isaías 43:19). Esta escritura indica que Dios está obrando, pero muchas veces no podemos percibir su poderosa mano maestra. Debemos aprender a vivir el momento presente sin dejar de abrazar el futuro. Las cosas nuevas nos estirarán, haciendo que «seamos hechos o seamos capaces de alargarnos o ensancharnos sin rasgarnos ni rompernos».[8]

¿Está usted dispuesta a ser extendida? Recuerde, si se conforma al *statu quo*, ya está descalificada. La extensión personal implica cambios. Extenderse la distingue. Extenderse abre la puerta a una vida significativa. La extensión personal hace que usted crezca. Además, el crecimiento real se detiene cuando usted pierde el enfoque entre donde está y donde quiere estar. Rut estaba dispuesta a extenderse en lo personal. No temía probar cosas nuevas.

Las cosas familiares se resisten a lo nuevo. La rutina es enemiga de lo nuevo. Lo cómodo es enemigo de lo novedoso. ¿Cuándo fue la última vez que se extendió? ¿Cuándo fue la última vez que fue lo suficientemente valiente como para salir de su rutina y adoptar una nueva posición o asignación? Esto es lo que se necesita para ir de donde usted está a donde sabe que Dios quiere y necesita que esté. Espigar no era todo lo que Dios tenía para Rut. Si ella no hubiera estado dispuesta a seguir a Dios dondequiera que él la guiara, diciendo: «Sí, Dios, iré. Haré lo que me has mandado», no habría recibido su promesa. Ella no habría aparecido como madre en la descendencia de Cristo. Ese era su destino.

De idólatra a adoradora del único Dios verdadero, Rut es nuestro modelo de las bendiciones que se reciben cuando estamos dispuestas a responder afirmativamente a lo nuevo. Podemos empezar desde donde estamos y con lo que tenemos en la mano. La virtud sobrenatural en la unción de Rut es un agente multiplicador milagroso que genera fidelidad y diligencia con el fin de traer promoción y un aumento inimaginables a todos los que la aplican.

Oración diligente y para quebrantar el espíritu perezoso

El de manos diligentes gobernará; pero el perezoso será subyugado.

—Proverbios 12:24

Decreto que soy una mujer diligente en todos los aspectos de mi vida. Soy creativa e ingeniosa. Decreto que todo lo que toquen mis manos prospere. Soy emprendedora. Destruyo todo espíritu perezoso y ocioso de mi vida. No me acostaré ni pensaré en lo que quiero hacer, solo tomaré medidas para cumplir mis sueños. Decreto que mis manos son bendecidas. Tengo la mano de las diligentes, por lo que crearé mi mundo y lo gobernaré. Usaré mi cerebro, mis talentos y mis dones para empoderar a otras. Destruiré el espíritu de procrastinación de mi vida. No dejaré cosas sin hacer. Seré productiva en todas las áreas de mi vida. Soy una mujer que toma la iniciativa y la sigo. No pondré excusas. Buscaré el favor y no esperaré que el favor me busque.

Capítulo 8

EL PODER DE LA REDENCIÓN Y LA RESTAURACIÓN

Hoy son ustedes testigos de que le he comprado a Noemí toda la propiedad de Elimélec, Quilión y Majlón, y de que he tomado como esposa a Rut la moabita, viuda de Majlón, a fin de preservar el nombre del difunto con su heredad, para que su nombre no desaparezca de entre su familia ni de los registros del pueblo. ¡Hoy son ustedes testigos!

—RUT 4:9-10

EL CENTRO DE la historia de Rut es el corazón amoroso y redentor de Dios. Las mujeres como Rut son diferentes. Son diversas. No pertenecen al mismo hogar ni a la familia típica. No siempre proceden de la zona acomodada de la ciudad y su gente puede verse marginada. Pero lo que no se puede negar es el amor y el favor eterno de Dios que manifiestan las vidas de quienes poseen la unción de Rut. Cuando Rut se percata de eso, su determinación de seguir a Dios —hasta conseguir la redención, la restauración y el destino absoluto que él tiene para ella— se manifiesta como un hecho inquebrantable. Cuando las Rut de hoy entienden que ese Dios amoroso las ve como su pueblo elegido, comprenden su posición y, como consecuencia, se aferran al manto divino con el objeto de perseguirlo a Él y sus propósitos sin ninguna duda.

Rut estaba lista para seguir a Noemí dondequiera que terminara su camino. Estaba preparada para hacer lo que fuera

necesario para restaurar la herencia debida al apellido de Noemí. Juntas usaron las provisiones que Dios tenía para resta-
blecer una agencia redentora tan poderosa que finalmente se
extendería a usted y a mí, a quienes la Biblia llama gentiles, y
a aquellos que sin la redención de Jesucristo no podrían reclamar el derecho a la salvación, a los beneficios ni a la bendición
de ser injertados a la línea genealógica de Cristo. Rut sentó un
precedente para que todas las personas en todas partes —cada
nación, tribu, lengua y pueblo— recibieran las bendiciones que
una vez fueron exclusivas del pueblo judío, los hijos e hijas de
Abraham, Jacob e Isaac. Pero gracias a la fe y la virtud de Rut,
ahora caminamos hacia un destino completamente nuevo.

La ley del levirato, una ley de redención

Rut era una mujer lista, dispuesta, fiel y trabajadora, pero no
conocía las costumbres judías. Entonces entra en escena Noemí. Como he dicho, Noemí era una mujer anciana muy respetada en su pueblo. Era una persona bien versada en su cultura
y acerca de todas las provisiones que Dios hizo en la ley de
Moisés para que ella y su pueblo vivieran bajo la bendición y
protección del pacto de Dios con ellos. Cuando Noemí se dio
cuenta de que a Rut se le había concedido apoyo en los campos
de un pariente cercano, tuvo la sensación de que el favor del
Señor regresaba a su vida. Sabía que había llegado el momento
de enseñarle una disposición redentora especial a su nuera. Esa
disposición se llama ley del levirato o ley del matrimonio levirato, término que proviene de la palabra hebrea para hermano. La ley requería que un hombre se casara con la viuda sin
hijos de su hermano para que «el nombre del hermano no sea
borrado de Israel» (Deuteronomio 25:6). Si no hubiera ningún
hermano disponible, se le podría pedir a otro pariente varón
que cumpliera la ley, pero la viuda tenía que hacerle saber que
él era aceptable como su *goel*, su pariente redentor y proveedor.
Noemí le dijo a Rut exactamente cómo hacerle saber a Booz

que era aceptable como pariente redentor de Rut. Esta escuchó con suma atención las palabras de Noemí y las cumplió al pie de la letra.[1]

En mi propia experiencia en la iglesia, y escuchando un sermón tras otro sobre el romance y la historia de la redención en el Libro de Rut, oí una y otra vez la manera en que las acciones de Rut al tenderse a los pies de Booz en el piso de aquella era lucían bastante atrevidas. Es probable que usted haya percibido lo mismo. Pero al estudiar el tema más a fondo, supe que lo que hizo Rut fue dirigido y aprobado por una respetada mujer anciana como lo era su suegra. Además, me percaté de que esa era una costumbre de la época que solía hacer la mujer que buscaba que un pariente cercano redimiera su patrimonio después de la muerte de su esposo. Ello se describe en Deuteronomio 25:5-10 (RVR1960).

> Cuando hermanos habitaren juntos, y muriere alguno de ellos, y no tuviere hijo, la mujer del muerto no se casará fuera con hombre extraño; su cuñado se llegará a ella, y la tomará por su mujer, y hará con ella parentesco. Y el [hijo] primogénito que ella diere a luz sucederá en el nombre de su hermano muerto, para que el nombre de este no sea borrado de Israel. Y si el hombre no quisiere tomar a su cuñada [viuda], irá entonces su cuñada a la puerta [de la ciudad, donde solían tratar los asuntos legales], a los ancianos, y dirá: Mi cuñado no quiere suscitar nombre en Israel a su hermano; no quiere emparentar conmigo. Entonces los ancianos de aquella ciudad lo harán venir, y hablarán con él; y si él se levantare y dijere: No quiero tomarla, se acercará entonces su cuñada a él delante de los ancianos, y le quitará el calzado del pie, y le escupirá en el rostro, y hablará y dirá: Así será hecho al varón que no quiere edificar la casa de su hermano. Y se le dará este nombre [a la familia] en Israel: La casa del descalzado.

Consciente de esa concesión en la ley, Noemí instruyó a Rut diciéndole lo siguiente: «¿Acaso Booz, con cuyas criadas has estado [trabajando], no es nuestro pariente? Pues bien, él va esta noche a la era para aventar la cebada. Báñate y perfúmate [con aceite de oliva], y ponte tu mejor ropa. Baja luego a la era, pero no dejes que él se dé cuenta de que estás allí hasta que haya terminado de comer y beber. Cuando se vaya a dormir, te fijas dónde se acuesta. Luego vas, le destapas los pies, y te acuestas allí. Verás que él mismo te dice lo que tienes que hacer» (Rut 3:2-4). Si Booz estaba dispuesto, el siguiente paso —de acuerdo a la costumbre— era cubrirla a ella con su manto. Eso simbolizaría que él cumplía los requisitos para cubrir a Rut tanto en el matrimonio como en la función de redentor de su familia.

He escuchado a algunos predicadores calificar ese intercambio como una maniobra típicamente femenina, mediante la cual Rut y Noemí se propusieron manipular al hombre con un plan de emparejamiento fríamente calculado con el objeto de atraparlo. Sin embargo, fallan al no profundizar en el análisis de las leyes y las costumbres judías de esa época. No hubo ningún comportamiento inapropiado en ese escenario por parte de Rut. No había ningún plan carnal para abalanzarse sobre un desprevenido soltero elegible. Como explicamos en el último capítulo, Rut era una mujer de virtud, honor y excelencia. Ella habría sido despojada de esos atributos si violaba las normas sociales. Las mujeres estaban actuando en el marco de las provisiones que Dios hizo para ayudar a salvar a las familias de la desolación que puede sobrevenir cuando muere el principal sostén de ellas.

De modo que, cuando Rut se dispuso a hacer todo lo que Noemí le pidió que hiciera, me imagino que mantuvo eso fresco en su mente puesto que estaba resuelta a hacerlo, aunque no dudo que tal vez estuviera un poco nerviosa. ¿Qué tan bien conocía ella a Booz? ¿La aceptaría él? ¿Tendría razón Noemí? En la era, Rut vio a Booz acostado tal como lo había dicho Noemí. Así que entró en silencio, le destapó los pies y se acostó a su lado. Ese era un símbolo de que deseaba ser redimida por Booz. Aunque se sorprendió al principio, Booz estaba consciente de su posición y su responsabilidad en ese momento. Incluso me atrevería a decir que pudo haber pensado en la difícil situación de Rut y Noemí al enterarse de su regreso a la ciudad. Su amabilidad con ella, en su primer encuentro, parece premeditada en cierto aspecto. Ya había pensado en cómo podría hacerles la vida más fácil a ella y a su suegra. Mas ahora se hizo evidente la cabalidad de su papel como redentor. Booz estaba dispuesto y listo.

> «¿Quién eres?», le preguntó [Booz]. «Soy Rut, su sierva. Extienda sobre mí el borde de su manto, ya que usted es un pariente que me puede redimir». «Que el Señor te bendiga [le respondió Booz], hija mía. Esta nueva muestra de lealtad de tu parte supera la anterior, ya que no has ido en busca de hombres jóvenes, sean ricos o pobres. Y ahora, hija mía, no tengas miedo. Haré por ti todo lo que me pidas. Todo mi pueblo sabe que eres una mujer ejemplar. Ahora bien, aunque es cierto que soy un pariente que puede redimirte, hay otro más cercano que yo. Quédate aquí esta noche. Mañana, si él quiere redimirte, está bien que lo haga. Pero, si no está dispuesto a hacerlo, ¡tan cierto como que el Señor vive, te juro que yo te redimiré! Ahora acuéstate aquí hasta que amanezca».
>
> —RUT 3:9-13

«Yo te redimiré»: el consuelo, la seguridad, el amor y la protección manifiestos en estas palabras es el mismo mensaje que el Padre les dice a las Rut de hoy. En hebreo, este concepto se traduce como «hacer el papel de pariente más cercano, actuar como pariente-redentor, vengar, venganza, rescate».[2] Al mirar esas últimas palabras, casi parece como si el redentor corrigiera algunos errores o injusticias ocurridos, como en realidad sucedieron. Las barreras que enfrentó Rut en su tiempo y las que enfrentamos ahora como las Rut contemporáneas son errores cometidos por la sociedad, la tradición, la religión y el corazón de los hombres pecadores. Nuestro Redentor viene para retribuirnos y rescatarnos del destino de este mundo injusto. Y como lo hizo nuestro divino Redentor, Booz se abalanzó y agarró la causa de Rut sin dudarlo un instante. Le quitó a ella la responsabilidad de proveedora que llevaba sobre sus hombros. A partir de ese momento, él tomaría esa responsabilidad. Todo lo que tenía que hacer era irse a casa y esperar. Resultó que el otro pariente, que tenía un parentesco más cercano a Elimélec, no quiso redimirla, lo que dejó a Booz en condiciones de cumplir la promesa que le hizo en la era.

Antes de entrar a la era donde se trilla

La era constituye una escena importante en la historia de Rut. Es un lugar tanto físico como espiritual en el que se clasifican el bien y el mal. Pero antes de que Rut pudiera ir a la era, necesitaba prepararse adecuadamente. Noemí la guio paso a paso: «Báñate y perfúmate [con aceite de oliva], y ponte tu mejor ropa. Baja luego a la era» (Rut 3:3).

Al igual que el apóstol Pablo dijo en Filipenses 3:13-14, Noemí animó a Rut a que tomara medidas deliberadas para olvidar todo lo que habían pasado juntas, al punto que le sugirió que se pusiera su mejor atuendo con el fin de alcanzar las cosas que tenían por delante. Era de mañana para Rut (Salmos 30:5). El gozo estaba volviendo a la vida de las mujeres. Lo que alguna vez fue tristeza y amargura estaba a punto de transformarse en alegría y dulzura.

Echemos un vistazo más de cerca a lo que hizo cada una de las instrucciones de Noemí en pro de ayudar a Rut a prepararse tanto física como espiritualmente.

Báñate

Rut había estado trabajando bastante fuerte, por lo que era probable que no se había tomado mucho o ningún tiempo para pensar en sí misma y en su apariencia. Noemí le dijo que era hora de cuidarse y arreglarse un poco. Hemos hablado acerca de la manera en que, como mujeres, tendemos a considerarnos las últimas, especialmente en medio de una crisis como la que habían enfrentado Noemí y Rut. Pero aquí encontramos a Noemí instando a Rut a mirar más allá de sus circunstancias inmediatas, para ver que era hora de empezar a hacer la transición. Si bien necesitaba bañarse o lavarse físicamente, eso también era un símbolo. Debía lavar —o limpiar— el pasado y estar lista para la próxima temporada que se avecinaba. Rut se preparó para estar muy cerca de su redentor.

En cuanto a Jesús, la Biblia dice: «… para hacerla santa [a la iglesia]. Él la purificó, lavándola con agua mediante la palabra [de Dios], para [a su vez] presentársela a sí mismo como una iglesia radiante, sin mancha ni arruga ni ninguna otra imperfección, sino santa [apartada para Dios] e intachable» (Efesios 5:26-27). Lavarse, en este sentido, simboliza la santificación. Al lavarse en el agua de la Palabra, las Rut de hoy en día se preparan para estar muy cerca de su Redentor.

Perfúmate o úngete

A través de toda la Biblia se hace referencia al aceite de la unción como un medio para separar y dedicar algo o alguien para un uso santo. (Ver Levítico 8:30; Números 4:16). También es un símbolo del Espíritu Santo. (Ver la parábola de las diez vírgenes en Mateo 25:1-13). Así como Rut necesitó la unción del Espíritu Santo con el fin de prepararse adecuadamente para tener la humildad y la sensibilidad necesarias para solicitar un redentor, las Rut de la actualidad necesitan el empoderamiento del Espíritu para realizar la tarea correcta en el momento adecuado a fin de asegurar las promesas de Dios para sus vidas. El orgullo, los deseos carnales y el egoísmo afectan la pureza de la bendición de Dios.

Aunque Rut estaba en pleno derecho de acostarse a los pies de Booz por la noche, mientras él dormía, la lujuria de la carne podría haberse salido con la suya en cualquiera de los dos y estaríamos leyendo una historia completamente diferente. Al igual que con Rut, existen algunas circunstancias espiritualmente volátiles que las Rut de hoy tendrán que atravesar. Necesitarán la unción que rompe el yugo de la carne para mantenerse concentradas y puras.

Ponte tu mejor ropa

Hasta ese momento, Rut había estado vistiendo el atuendo habitual de las viudas. Estaba de luto y no podía soportar la pesadez de su pasado, la carga de la pérdida de su marido ni tampoco el peso de todos los sueños que tuvieron de disfrutar una vida juntos. Ahora tendría un esposo nuevo, tenía que quitarse la ropa de viuda. Ahora iba a ponerse algo nuevo que representara una vida novedosa, una vida esperanzada con un futuro maravilloso.

Cambiar de ropa en las Escrituras significa dejar la vida vieja y empezar una nueva. La Rut de hoy debe actuar de manera deliberada con el fin de olvidar el pasado. Es hora de quitarse lo viejo y ponerse lo nuevo.

La era de trillar

En la escena de la era donde se trillaba el grano, Rut simboliza al creyente, como gentil, forastero igual que yo y tal vez como usted también. Booz es una representación de Cristo, el Redentor. Ella hizo su petición en una era, donde estaban el grano y la paja, dándonos una hermosa imagen de la necesidad de salvación que el hombre tiene, el papel de Dios como Redentor y la forma en que él nos separa de las cosas que nos impiden hacer la transición de donde estamos a donde él quiere que estemos.

La trilla es un proceso agrícola que consiste en separar el trigo de la cizaña y la paja golpeando los tallos con una vara. Eso se hacía en un piso plano y nivelado que llamaban piso de trilla. La palabra hebrea usada aquí es *duwsh*, que significa «pisotear o trillar: quebrar, rasgar, desgranar, aventar».[3]

Comparar este proceso con lo espiritual es doloroso. Sin embargo, para establecer un nuevo pacto con Dios tiene que ocurrir esa clase de separación. Tal como lo demuestra el ejemplo de Rut, pasamos del matrimonio antiguo al nuevo matrimonio, de la vieja vida a la nueva vida y del pasado al futuro.

A través del Espíritu Santo y su conexión con los amigos de pacto, descubrirá las cosas que no puede llevar a su nueva estación. Son cosas que simplemente ya no necesitará. Lo que sea que la haya definido en la vieja estación, Dios comenzará a eliminarlo. Todo aquello en lo que confiaba (etiquetas viejas, manto antiguo y mentalidades antiguas) será pisoteado. Aquel piso de trillar era el último lugar donde la intransigente sujeción de Rut y su tenaz obediencia pasaron una verdadera prueba. Ese lugar era el campo de prueba de Rut. Al pasar la prueba de someterse a la voluntad de Dios, pudo disfrutar lo mejor de la tierra (Isaías 1:19).

«Extienda sobre mí el borde de su manto»

> Soy Rut, su sierva. Extienda sobre mí el borde de su manto, ya que usted es un pariente que me puede redimir.
>
> —Rut 3:9

Como descubrimos anteriormente, la solicitud de Rut es honrosa y no constituye nada ilícito ni desagradable, pero lo que le pide a Booz —que extendiera sobre ella su manto, es decir, que la cubriera— era parte de una antigua costumbre que todavía tiene significado para nosotras en la actualidad. La palabra hebrea usada para borde significa literalmente «ala» y es una metáfora usada por el profeta Ezequiel para ilustrar el compromiso del matrimonio. Este lenguaje simbólico crea además un juego de palabras con la declaración de Booz en Rut 2:12, donde afirma que Rut ha encontrado seguridad bajo las «alas» del Dios de Israel. En esencia, su pedido consistía en encontrar más seguridad bajo las alas de Booz».[4] Ella le estaba pidiendo a su pariente redentor que fuera su cobertura, su protector, su proveedor y su esposo.

Ezequiel 16:8 dice: «Tiempo después pasé de nuevo junto a ti, y te miré. Estabas en la edad del amor. Extendí entonces mi manto sobre ti, y cubrí tu desnudez. Me comprometí e hice alianza contigo, y fuiste mía». Muchas mujeres se han sentido descubiertas, desprotegidas pero —en el piso de trillar en que puedan estar— Dios las cubrirá, las protegerá y asegurará su futuro. Booz le dio instrucciones a Rut acerca del piso donde se trillaba el grano. Nosotras encontraremos el camino a nuestro destino cuando el Espíritu de Dios nos dé instrucciones para salir victoriosas de la era de Dios. Él enderezará las sendas de sus siervas.

Después de que Booz le dijera lo que haría por ella ante los ancianos del pueblo, Rut dejó la era con una promesa y un grano que representaba un anticipo de la vida por venir. Las Rut de hoy en día son mujeres que han de postrarse a los pies de Jesús, mujeres que dependen de la presencia de él para que las cubra. Mujeres que creen en el poder de las promesas divinas. Malaquías 4:2 dice: «nacerá el Sol de justicia, y en sus alas traerá salvación» (RVR1960). La palabra traducida como «alas» es el mismo vocablo traducido como «borde» en Rut 3:9. Jesús es el Sol de justicia, él nos permite ser liberadas del peso y la carga del dolor del pasado cuando nos postramos a sus pies y somos cubiertas por sus alas sanadoras.

A los pies del redentor

Rut tuvo que esperar a los pies de Booz hasta que amaneciera. La Biblia dice que el llanto dura una noche, pero el gozo llega por la mañana (Salmos 30:5). Rut tuvo que soportar la noche y la oscuridad con paciencia. Tuvo que esperar a que se cumpliera la promesa. Muchas veces perdemos la promesa durante la noche. La noche representa tiempos de perplejidad, ceguera y falta de comprensión de la voluntad de Dios. Eso nos impacienta y muchas veces nos lleva a tomar decisiones absurdas. Las Rut de hoy aprenderán a confiar en el Señor con todo su corazón, no apoyándose en su propio entendimiento y reconociendo al Señor, el cual dirigirá sus sendas (Proverbios 3:5-6).

Examinemos la posición en la que Rut esperaba: a los pies de Booz. En Lucas 10:38-42 encontramos la historia de otra consagrada seguidora de Jesús: María, la hermana de Marta y Lázaro. Con tantas otras cosas por hacer, María no cedió ni un minuto de su tiempo a los pies de su Redentor. La Biblia dice que «María [estaba sentada a los pies del Señor, escuchaba lo que él decía» (v. 39).

A los pies del Redentor es donde recibimos instrucciones sobre cómo pasar al siguiente nivel. Si nos impacientamos o nos distraemos con las muchas cosas que debemos hacer, podemos dar el próximo paso en falso; podemos errar el blanco. Me atrevería a decir que María era un tipo de Rut en el sentido de que estaba en paz puesto que hizo lo correcto en el momento correcto, y no se inmutaba por las decisiones o los juicios de los demás. Ambas mujeres tenían una determinación que les dio una ventaja cuando llegó el momento de subir de nivel. Aunque Jesús dijo lo siguiente de María, creo que también lo diría de Rut, y es que ella «ha escogido la mejor [parte], y nadie se la quitará» (v. 42) .

Donde se construye una confianza inquebrantable

La era de trillar es donde aprendemos a confiar en Dios con todo nuestro corazón. Es un lugar de intimidad. El solo hecho de esperar allí a los pies de Booz fue un acto de confianza. Por tanto, debemos detener nuestras labores y ponernos a los pies de nuestro Redentor. La palabra hebrea traducida como «confiar» en Rut 2:12 es *chacah*, que significa «huir en busca de protección; esperanza; refugio».[5] Es la imagen del Salmo 57:1 de David anidando bajo las alas de Dios en busca de refugio, de la misma manera que un pichón indefenso se esconde bajo las plumas de sus padres. Booz reconoció las acciones de Rut y las comparó con el hecho de confiar en el Dios de Israel en cuanto a seguridad y refugio. Debemos permanecer quietas y saber que veremos la salvación del Señor (Éxodo 14:13).

Cuando Rut se acostó a los pies de Booz y le pidió que extendiera su manto sobre ella, formuló una petición honrosa para entrar en el pacto del matrimonio. Hay poder cuando usted le pide a Dios lo que quiere. Mi abuela me enseñó que una boca cerrada nunca come. La era de trillar es un lugar de oración ante el trono de Dios. Hay días en los que podemos hacerle peticiones audaces —extraordinarias— a nuestro Redentor. Aproveche el tiempo del Espíritu Santo y haga que esos días sean fructíferos.

A medida que aumente su confianza en Dios en cuanto a la provisión y la protección divinas, él le revelará los detalles. No es necesario que lo tenga todo resuelto. Ya él lo resolvió todo. Todo lo que necesita usted es ejercitar la confianza para obedecerle.

A su debido tiempo, mientras trabaja duro y se sacrifica, obtendrá una recompensa, tal como le sucedió a Rut. Cuando llegue el momento indicado, Dios la elevará a la posición que siempre ha tenido en sus planes con usted. La era es su lugar de intimidad y de prueba. La era la prepara a usted para que lidie bien con todo lo que él traiga a su camino.

De estéril a bendecida

Cuando Dios implementa la bendición de la redención no lo hace en partes. Todo lo que el enemigo le ha robado se le restituye siete veces (Proverbios 6:31); el número siete representa la perfección. No le faltará nada.

En el capítulo 1 de Rut vemos que Noemí perdió a su marido y a sus dos hijos; además, ya había pasado la edad en que ella era fértil. Por otro lado, aunque en el mismo escenario, Rut había enviudado sin haber tenido hijos. Pero a través del proceso de redención, Rut al fin concibió un hijo. El nacimiento de ese hijo representó la restauración de la estirpe genealógica de Noemí. Incluso la gente del pueblo reconoció lo que Dios había hecho:

Las mujeres le decían a Noemí: «¡Alabado sea el Señor, que no te ha dejado hoy sin un redentor [nieto, como heredero]! ¡Que llegue a tener renombre en Israel! Este niño renovará tu vida y te sustentará en la vejez, porque lo ha dado a luz tu nuera, que te ama y es para ti mejor que siete hijos»... Las vecinas decían: «¡Noemí ha tenido un hijo [nieto]!».

—Rut 4:14-15, 17

Dios quitó el juicio de la vida de Noemí. Una vez más pudo vivir a plenitud, honrando su nombre, que significa «mi deleite» o «agradable».[6] Ya no sería más Mara. Las cuerdas le cayeron en lugares deleitosos a esas mujeres; ahora tenían una herencia hermosa y bendita (ver Salmos 16:5-6).

A mil generaciones

Debido a que el Libro de Rut tiene un final perfecto —algo así como los cuentos en los que los protagonistas terminan siendo felices para siempre—, la gente suele describirlo como una historia de amor. Ciertamente contiene elementos románticos, pero es mucho más que eso. El libro muestra el anhelo divino de redimir a todos los pueblos de la tierra. Desde la época de Abraham, Dios bendijo y dirigió la vida del pueblo de Israel a través de su pacto exclusivo con esa gente. Pero siempre hubo excepciones como la de Rut, la moabita, la extranjera, la gentil, la idólatra. La historia de la redención de Rut es un indicador temprano de que Dios no deseaba salvar solamente a Israel, sino que también quería salvar al mundo. E incluso más que eso, quería que el mundo entero —cada nación, tribu, lengua y pueblo— participara en su descendencia genealógica.

El legado de Cristo es único y perfectamente imperfecto, por la gracia de Dios. Dios orquestó esto a propósito para mostrar que todos son bienvenidos: personas de todas las razas, etnias, antecedentes religiosos, clases socioeconómicas y niveles educativos.

Rut, la moabita, participó en la descendencia de Cristo ocupando el lugar de una madre y fue la única fémina en la Biblia a la que se llamó —de manera exclusiva— mujer virtuosa. Estuvo en un lugar de derrota y oposición, pero fue sacada de allí y llevada al pueblo de Dios con el fin de que se convirtiera en ejemplo para todas las personas que se sienten marginadas. A través de ella, todos los que alguna vez estuvieron lejos del Padre ahora pueden acercarse a él. Ella jugó un papel decisivo en el derribo de la pared divisoria que impedía que el pueblo de Dios se uniera. Al meditar en todas las barreras que Rut rompió, no hay una sola persona que deba ser excluida del plan de redención de Dios. No es la voluntad de Dios que nadie perezca (2 Pedro 3:9).

El hecho de que Rut fuera a aquella era fue un acto de absoluta obediencia, una demostración de que creía firmemente que Dios la libraría y la protegería. Rut ya había hecho su declaración de fe en Moab. Comprendió que estaba corriendo un riesgo que podría dañar su reputación, pero así como Jesús —en un futuro que conocemos hoy— se despojó de su reputación, ella también decidió seguir fielmente la dirección que Dios le indicó y hacer lo que Noemí le instruyó bajo la gracia divina.

Las Rut de hoy deben recorrer el camino de la fe, deben avanzar aun en contra del *statu quo*. Deben abrir nuevos caminos bajo el liderazgo del Espíritu Santo. Dios está haciendo que quienes soportan el proceso desgranador de la era experimenten la recuperación completa, la restauración y el poder de la resurrección con el objeto de que reciban su herencia en Cristo.

Mujer de Dios, ¡es hora de hacer realidad su sueño! Es tiempo de vivir ese sueño. Es el momento de que haga lo que Dios determinó para usted antes de que estuviera en el vientre de su madre. Creo que hay personas y lugares esperando que usted se levante y abrace su destino. Dirigirse hacia su destino, aunque apenas esté empezando o si está volviendo a empezar, requerirá un espíritu diferente. Debemos entender que el final de algo siempre es mejor que el principio (Eclesiastés 7:8). Dios le dará el poder para superar cualquier obstáculo que entorpezca su destino. Eso sí, a medida que decidamos seguir al Señor con todo nuestro corazón, confiando en él y en los planes que tiene con nuestras vidas —aun cuando no entendamos los sucesos dolorosos y a veces trágicos que podamos encontrar en el camino hacia el destino—, estos son los días que nos llevarán a cumplir con nuestro propósito definitivo en la vida. Dios no la diseñó a usted para que llevara una vida mundana y mediocre. ¡Los hombres y las mujeres grandes nacieron para el momento en que más se necesitan! Dios está derramando valor y claridad con el fin de que se ajuste al propósito que tiene para su vida. A medida que soporte el proceso, el Señor hará que de su interior brote la grandeza de una Rut para estos tiempos. No es su responsabilidad averiguar el proceso; ¡su responsabilidad es decir que sí! Si está dispuesta y obedece, comerá lo bueno de la tierra. Lo poderoso de esta declaración es que Dios obra en usted tanto para querer como para hacer la buena voluntad de él (Filipenses 2:13). Las probabilidades en contra de usted no importan. No permita que el racismo, el sexismo o el clasismo la derroten o la definan. ¡El Señor está derramando tenacidad y determinación en su corazón para que viva su destino! ¡Usted es una transformadora mundial!

Oración que activa la voz del destino

Señor, creo en tu Palabra en referencia a lo que afirma en cuanto a que el final de una cosa es mejor que el principio. Gracias, Señor, por las grandes cosas que tienes reservadas para mí. Decreto que la carrera no la ganan los ligeros ni los fuertes, sino al que aguanta hasta el fin (ver Eclesiastés 9:11). Someto mi voluntad a la tuya. Decreto que soy vencedora. Soy una campeona que rompe barreras. Gracias, Señor, porque redimiste mi vida de la destrucción. Desecho todas las limitaciones de mi mente. Me quito todas las prendas diseñadas para mantenerme en un lugar de derrota. Me levantaré del miedo, de la inacción y viviré la vida que Dios ideó que viviera. Soy una transformadora del mundo. Marcaré el rumbo de toda mi familia. Como Rut, soy una restauradora de linajes. Tomo decisiones de vida que activarán una cadena de bendiciones para las generaciones venideras. Confío en ti, Señor, en cuanto a mi proceso. ¡Pongo mi vida a tus pies! Al igual que Jesús, confío en ti para que me resucites. Y digo: «No se haga mi voluntad, sino la tuya en mi vida».

Padre, te agradezco por redimir los tiempos y restaurar los años de mi vida. Abrazo mi propósito divino. No permitiré que el dolor, las heridas ni las pérdidas me mantengan estancada. Señor, dale un nuevo impulso a mi vida. Decido escuchar la voz del destino. No escucharé la voz de la derrota. No escucharé la voz del miedo ni la del fracaso. Soy una mujer de fe, de virtud y de destino.

NOTAS

Introducción: Su destino la está llamando

1. Matthew Henry, *Matthew Henry Concise Commentary on the Whole Bible*, Bible Study Tools, consultado en línea 11 agosto 2017, http:// www.biblestudytools. com/commentaries/matthew-henry-concise/Rut/1.html.

2. *Oxford English Dictionaries*, s.v. «pioneer [pionero]», Oxford University Press, consultado en línea 11 agosto 2017, https://en.oxforddictionaries.com/definition/ pioneer.

3. *Oxford English Dictionaries*, s.v. «pioneer [pionero]», Oxford University Press, consultado en línea 11 agosto 2017, https://en.oxforddictionaries.com/thesaurus/ pioneer.

4. *Merriam-Webster*, s.v. «devotion [devoción]», consultado en línea 16 noviembre 2017, https://www.merriam-webster.com/dictionary/devotion.

5. *Merriam-Webster*, s.v. «devotion [devoción]».

6. Blue Letter Bible, s.v. «chayil», consultado en línea 16 noviembre 2017, https:// www.blueletterbible.org/lang/lexicon/lexicon.cfm?Strongs=H2428&t=KJV.

7. Merriam-Webster, s.v. «virtuous [virtuosa]», consultado en línea 16 noviembre 2017, https://www.merriam-webster.com/dictionary/virtuous.

8. Merriam-Webster Thesaurus, s.v. «virtuous [virtuosa]», consultado en línea 16 noviembre 2017, https://www.merriam-webster.com/thesaurus/virtuous.

Capítulo 1: Soy Rut, escúcheme rugir

1. Matthew Henry, *Matthew Henry Concise Commentary on the Whole Bible*, Bible Study Tools, consultado en línea 11 agosto 2017, http:// www.biblestudytools. com/commentaries/matthew-henry-concise/Rut/1.html. Spelling modernized for clarity.

2. Merriam-Webster, s.v. «destiny [destino]», consultado en línea 7 diciembre 2017, https://www.merriam-webster.com/dictionary/destiny.

3. 105km (username), «Lionesses on the Hunt», consultado en línea 7 junio 2009, https://www.youtube.com/watch?v=zlJDjpe3y6I.

4. Matthew Henry, *Matthew Henry Concise Commentary on the Whole Bible*, Bible Study Tools, consultado en línea 11 agosto 2017, http://www.biblestudytools. com/commentaries/matthew-henry-complete/Rut/1.html.

5. Henry, *Matthew Henry Concise Commentary on the Whole Bible*, revisión moderna.

Capítulo 2: Temporadas del destino

1. Michelle McClain-Walters, *La unción de Débora* (Casa Creación, 2015).

2. Matthew Henry, *Matthew Henry Concise Commentary on the Whole Bible*, Bible Study Tools, consultado en línea 11 diciembre 2017, http://www. biblestudytools.com/commentaries/matthew-henry-concise/Rut/1.html.

3. Matthew Henry, *Matthew Henry Concise Commentary on the Whole Bible*.

Capítulo 3: Deje lo familiar

1. Oxford English Dictionary, s.v. «transition [transición]», Oxford University Press, consultado en línea 16 agosto 2017, https://en.oxforddictionaries.com/definition/transition.
2. Oxford English Thesaurus, s.v. «transition [transición]», Oxford University Press, consultado en línea 16 agosto 2017, https://en.oxforddictionaries.com/thesaurus/transition.
3. Michelle McClain-Walters, *La unción de Ana* (Casa Creación, 2019).

Capítulo 4: Llámenme Mara

1. Blue Letter Bible, s.v. «marah», consultado en línea 16 agosto 2017, https://www.blueletterbible.org/lang/lexicon/lexicon.cfm?strongs=H4784&t=KJV.
2. John Eckhardt, *Inquebrantable* (Casa Creación, 2015).
3. Eckhardt, *Inquebrantable*, p. 84.
4. Matthew Henry, *Matthew Henry Concise Commentary on the Whole Bible*, Bible Study Tools, consultado en línea 15 diciembre 2017, http://www.biblestudytools.com/commentaries/matthew-henry-concise/Rut/1.html.
5. Matthew Henry, *Matthew Henry Concise Commentary on the Whole Bible*, Bible Study Tools, consultado en línea 15 diciembre 2017, http:// www.biblestudytools.com/commentaries/matthew-henry-complete/Rut/1.html.

Capítulo 5: Nacida de la adversidad: El diseño de Dios para las conexiones de pacto

1. Cambridge Advanced Learner's Dictionary, s.v. «loyal [leal]», consultado en línea 16 agosto 2017, https://books.google.com/books?id=PD HCFSRmjSMC&dq=isbn%3A3125179882&q=loyal#v=snippet &q=loyal&f=false.
2. Merriam-Webster, s.v. «covenant [pacto]», consultado en línea 16 agosto 2017, https://www.merriam-webster.com/dictionary/covenant.
3. Blue Letter Bible, s.v «Ruth», consultado en línea 16 agosto 2017, https://www.blueletterbible.org/lang/lexicon/lexicon.cfm?strongs=H7327&t=KJV; Blue Letter Bible, s.v. «re'uwth», accessed August 16, 2017, https://www.blueletterbible.org/lang/lexicon/lexicon.cfm?strongs=H7468&t=KJV.
4. Michelle McClain-Walters, *La unción de Débora* (Casa Creación, 2015).

Capítulo 6: Rompe barreras

1. Merriam-Webster, s.v. «pioneer [pionero]», consultado en línea 17 agosto 2017, 2017, https://www.merriam-webster.com/dictionary/pioneer.
2. Merriam-Webster, s.v. «barrier [barrera]», consultado en línea 17 agosto 2017, https://www.merriam-webster.com/dictionary/barrier.
3. Blue Letter Bible, s.v. «Mow'ab», consultado en línea 7icon/lexicon. cfm?strongs=H4124.
4. Blue Letter Bible, s.v. «Kᵉemowsh», consultado en línea 17 agosto 2017, https://www.blueletterbible.org/lang/lexicon/lexicon.cfm?Strongs=H3645&t=KJV.
5. «National Snapshot: Poverty Among Women & Families, 2014», National Women's Law Center, 17 septiembre 2015, https:// nwlc.org/resources/national-snapshot-poverty-among-women-families-2014/.
6. T. D. Jakes, *Instinct* (FaithWords, 2014).
7. Oxford English Dictionary, s.v. «confidence [confianza]», Oxford Univer- sity Press, consultado en línea 1 septiembre 2017, https://en.oxford dictionaries.com/definition/us/confidence.
8. Oxford English Thesaurus, s.v. «confidence [confianza]», Oxford University Press, consultado en línea 1 septiembre 2017, https://en.oxforddictionaries.com/thesaurus/confidence.
9. Katty Kay y Claire Shipman, *La clave de la confianza* (Océano, 2015).

Capítulo 7: Una mujer de virtud y excelencia

1. Blue Letter Bible, s.v. «chayil», consultado en línea 1 septiembre 2017, https://www.blueletterbible.org/lang/lexicon/lexicon.cfm?Strongs=H2428&t=KJV.
2. Blue Letter Bible, s.v. «dynamis», consultado en línea 1 septiembre 2017, https://www.blueletterbible.org/lang/lexicon/lexicon.cfm?Strongs=G1411&t=KJV.
3. La lista de cualidades fue sacada de Pat Francis, «Teaching #3 The CHAYIL Woman», consultado en línea 19 diciembre 2017, http://www.kingdomcovenant.ca/index.php/chayil-centre/chayil-teachings.
4. Cora Metrick-Chen, «Older Woman and Poverty», Woman- View 19, no. 9 (30 marzo 2016): 1, http://www.ncdsv.org/SSNCPL_Woman-View-Older-Women-and-Poverty_3-30-2016.pdf.
5. Merriam-Webster, s.v. «excellence [excelencia]», consultado en línea 6 septiembre 2017, https://www.merriam-webster.com/dictionary/excellence; Merriam-Webster Thesaurus, s.v. «excellence [excelencia]», consultado en línea 6 septiembre 2017, https://www.merriam-webster.com/thesaurus/excellence.
6. Merriam-Webster, s.v. «diligence [diligencia]», consultado en línea 5 septiembre 2017, https://www.merriam-webster.com/dictionary/diligence.
7. «Two to Get Ready—The Story of Boaz and Rut», Bible. org, consultado en línea 5 septiembre 2017, https://bible.org/seriespage/5-two-get-ready-story-boaz-and-Rut.
8. *Oxford English Dictionary*, s.v. «stretch [extender]», consultado en línea 5 septiembre 2017, https://en.oxforddictionaries.com/definition/stretch.

Capítulo 8: El poder de la redención y la restauración

1. «Two to Get Ready—The Story of Boaz and Rut», Bible. org, consultado en línea 5 septiembre 2017, https://bible.org/seriespage/5-two-get-ready-story-boaz-and-Rut.
2. Blue Letter Bible, s.v. «ga'al», consultado en línea 5 septiembre 2017, https://www.blueletterbible.org/lang/lexicon/lexicon.cfm?Strongs=H1350&t=KJV.
3. Blue Letter Bible, s.v. «duwsh», consultado en línea 5 septiembre 2017, https://www.blueletterbible.org/lang/lexicon/lexicon.cfm?strongs=H1758&t=KJV.
4. «Rut and Boaz at the Threshing Floor», Asbury Bible Com- mentary, Bible Gateway, consultado en línea 5 septiembre 2017, https://www.biblegateway.com/resources/asbury-bible-commentary/Rut-Boaz-at-Threshing-Floor.
5. Blue Letter Bible, s.v. «chacah», consultado en línea 27 noviembre 2017, https://www.blueletterbible.org/lang/lexicon/lexicon.cfm?Strongs=H2620&t=KJV.
6. Blue Letter Bible, s.v. «No'omiy», consultado en línea 5 septiembre 2017, https://www.blueletterbible.org/lang/lexicon/lexicon.cfm?Strongs=H5281&t=KJV

Otros libros de
MCCLAIN-WALTERS, MICHELLE

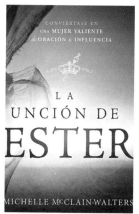

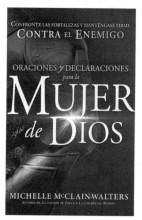

MICHELLE MCCLAIN-WALTERS ha viajado a más de cincuenta países y ha activado a miles de personas en el arte de escuchar la voz de Dios. Escribió los libros *La unción de Ester* y *La unción de Débora*. Fue directora del ministerio de oración de la Iglesia Crusaders de Chicago bajo el liderazgo del apóstol John Eckhardt. También fue una de las profetas locales y líderes del equipo apostólico de la Iglesia Crusaders de Chicago. Actualmente, Michelle y su esposo, Floyd Walter Jr., viven en Orlando, Florida.

CASA CREACIÓN

Te invitamos a que visites nuestra página web, donde podrás apreciar la pasión por la publicación de libros y Biblias:

www.casacreacion.com

f @CASACREACION

t @CASACREACION

@CASACREACION

Para vivir la Palabra